## Philosophische Gedanken einer Hausfrau

Im Gegensatz zur ganz normalen Hausfrau hat die Hausfrau 2000 keine Angst vor Schmutz und alltäglichen Hausarbeiten. Warum auch? Schließlich ist sie eine Megaperle mit sensationellen Putzmethoden und einem raffinierten Haushaltsplan. Auf keinen Fall zu viel Arbeit, denn das ist ungesund, ja geradezu gefährlich. Auch wenn die Hausfrau 2000 ihr Haushaltsbudget manchmal kürzen muß, so weist es niemals rote Zahlen auf. Haushaltslöcher weiß sie kunstfertig zu flicken, und Flecken entfernt sie durch geschicktes herausschneiden. Sie schmeißt alle Konventionen über Bord und geht mit ihrer Meinung kompromißlos auf die Straße. Die Hausfrau 2000 macht, was ihr Spaß macht und wozu sie gerade Lust hat. Sie bekennt Farbe, auch wenn es um sie herum grau und schwarz ist.

Perta Perle und ihr ›Zweites Ich‹ Conny Sü Prem klären auf, welche Perspektiven eine Hausfrau 2000 wirklich hat, wie der Haushalt zum Happening wird und der Alltag zum Abenteuer. Sie zeigen, daß der Haushalt der Mikrokosmos der Wirklichkeit ist, woran wir einen echten Schatzi erkennen, wie man Schmutz und Filz effektiv bekämpfen kann, wie mann immer schön sauber bleibt und was man normalerweise nie lernt, nämlich **wie jede Hausfrau schöner leben kann.**

## Die Autorinnen

**Petra Perle,** geboren in den wilden 60er Jahren, studierte als Autodidaktin Kunst und Psychologie. Mit ihren extravaganten Kunstausstellungen machte sie sich zunächst Mitte der 80iger Jahre als Malerin einen Namen. 1993 begann die gelernte Goldschmiedin ihre Karriere als Schlagersängerin und verhalf dem Schlager durch ihr Engagement in der Nachwuchsförderung zu einem großen Comeback. Seitdem ist sie auch als Produzentin und Veranstalterin aktiv.

**Conny Sü Prem** wurde Anfang der Swinging Sixties geboren und studierte an der Uni München Kommunikationswissenschaft, Psychologie und Soziologie. Sie arbeitete als Produktionsleiterin für Industriefilme und als Werbetexterin. 1992 gründete sie mit Petra Perle die Veranstaltungs- und PR-Agentur Traumwelt Entertainment und den Musikverlag Traumwelt. Seit 1995 ist Conny Sü Prem außerdem ehrenamtliche Dozentin für angewandte Parabiologie an der Deutschen Hochschule für Seriositätswissenschaften.

Petra Perle
&
Conny Sü Prem

# *Die Hausfrau 2000*

*Schöner leben leichtgemacht*

Originalausgabe

WILHELM HEYNE VERLAG
MÜNCHEN

HEYNE ALLGEMEINE REIHE
Nr. 01/10666

Herausgegeben von
Conny Sü Prem
unter redaktioneller Mitarbeit
von Ingeborg Schober, Yvonne Duziac-Kloe
und Marc Winking



*Umwelthinweis:*
Das Buch wurde auf chlor- und
säurefreiem Papier gedruckt.


Printed in Germany 1998
Umschlagillustration: Martin Fengel, München
Umschlaggestaltung: Atelier Ingrid Schütz, München
Satz: Rudolf Schaber Datentechnik, Wels
Druck und Bindung: Presse-Druck, Augsburg

ISBN 3-453-13754-X

# Inhalt

*Kein Wunder, daß ich weine*
*- vor Glück! -*
*mein Buch erscheint bei Heyne*
*für alle Hausfrauen,*
*große und kleine.*

*Fühlst Du Dich manchmal sehr alleine?*
*Hast Du 'ne Frage, irgendeine,*
*nicht nur zum Haushalt - allgemeine?*

*Willst Du wissen,*
*was ich meine?*
*Kauf mein Buch*
*und komm ins Reine!*

Petra Perle
nach der Vertragsunterzeichnung

# Vorwort

**Herzlichen Glückwunsch, meine Damen,**

und vielleicht hat auch ein Mann heimlich dieses Werk erstanden? Deshalb gratuliere ich auch Ihnen zu diesem Kauf! Sie haben eben eine sehr sinnvolle Investition getätigt, denn dieses Buch erspart Ihnen viel Zeit auf dem Weg ein schöneres Leben zu führen. Schöner leben – was ist das? Eine Villa im Grünen oder eine Einbauküche, eine Weltreise, Plateauschuhe mit integriertem Aquarium im Absatz, ein Ledersofa oder ein Motorboot, ein Nummernkonto in der Schweiz oder ein Farbfernseher mit Fernbedienung?

Richtig, das ist alles angenehm – warum auch nicht –, aber wir müssen nicht unbedingt reich sein oder extravagante Dinge besitzen, um schöner zu leben. Das denken zwar viele, aber es stimmt nicht! Wie man mit viel Geld schöner Leben kann, das sehen wir täglich in irgendwelchen TV-Serien oder lesen es in irgendeiner Klatschzeitung. Dafür bedarf es keinen Ratgeber. Zudem scheint Geld, meiner Beobachtung nach, einem schönen Leben eher im Weg zu stehen.

Zugegeben, ein angenehmes Leben mit einem durchschnittlichen Einkommen zu führen ist gar nicht so leicht. Vor allem dann, wenn man Hausfrau ist und zwei Kinder hat. Aber ich werde Ihnen mein Geheimnis verraten, meine Damen, denn dieses Handbuch habe ich ganz speziell allen Hausfrauen und Müttern, deren Freundinnen, meinen Freundinnen und auch meinen männlichen Freunden mit einer Vorliebe für Rosa und Kitsch und Verstand gewidmet.

Falls Sie sich jetzt nicht persönlich angesprochen fühlen, so macht das nichts, denn eines haben wir alle gemeinsam: den Wunsch nach einem angenehmen, bequemen und schönen Leben. Und dies beginnt meist mit einem Traum. Mein Traum war es, einmal Schlagerstar zu werden. Doch zuerst wurde ich Hausfrau. Eine ganz normale 08/15-Hausfrau mit einer Dreizimmerwohnung, einem Mann, zwei Kindern und einem Hamster, der inzwischen leider verstorben ist. Bis mich mein Traum wieder einholte und ich wußte, daß es an der Zeit war, ihn zu realisieren. Ich sprach mit meiner Freundin, ob sie mir mit Rat und Tat zur Seite stehen würde, und wagte dann den Sprung auf die Bretter, die die Welt bedeuten. Diese Freundin, meine Damen möchte ich nun für Sie sein, in guten wie in schlechten Tagen!
Lehnen Sie sich zurück, machen Sie es sich bequem und denken Sie über Ihr Leben nach. Was ist Ihr großer Wunsch, Ihr persönlicher Traum, der für Sie in Erfüllung gehen soll? Was gefällt Ihnen an Ihrem Leben, was möchten Sie gerne verändern? Ist es die Wohnungseinrichtung, Ihr Freund oder ein neuer Job? Ich bin sicher, Sie kommen spätestens beim Lesen dieses Buches dahinter.

Wenn Sie allerdings denken, ich will Ihnen nur ein paar Ratschläge geben, die zur Erfüllung Ihrer persönliche Wünsche beitragen, irren Sie sich. Neben allen möglichen Tips und Spielregeln für ein schöneres Privatleben wartet auf uns, verehrte Freundinnen, noch eine viel größere Aufgabe, nämlich möglichst vielen Menschen ein schöneres Leben zu ermöglichen! Glauben Sie mir, dazu gibt es viel zu tun, und dabei brauche ich Ihre Unterstützung und Ihr Engagement. Aber dazu kommen wir später noch.

Zuerst geht es einmal ganz persönlich um Sie und darum, Ihr Leben und Ihren Lebensstil zu verbessern. Ich kann

Ihnen sicher dabei helfen, und ich weiß, wir werden zusammen sehr viel Spaß haben. Als Deine Freundin will ich Dir jetzt das Du anbieten: Meine Freundinnen nennen mich Pörlie.

♡-lichst Pörli

1. KAPITEL

# Rosa Träume werden Wirklichkeit

Damit Du mich besser kennenlernst, möchte ich Dir, liebe Freundin (auch um Dir Mut zu machen), zunächst von meinem Traum erzählen und was daraus wurde.

## Wenn ich einmal groß bin ...

Als Kind war mein größter Traum, einmal ein Schlagerstar zu werden. Ich verkleidete mich fast jeden Tag, trug die Stöckelschuhe meiner Mutter, ein rosa Kleid und Perlenketten und gab mir den wohlklingenden Namen Petra Perle. Bereits mit vier Jahren versuchte ich mein Glück in der Öffentlichkeit. Zielbewußt trällerte ich vor mich hin, sobald ich das Haus verließ – auf belebten Straßen, in der Eisdiele, im Sommer beim Baden, im Winter beim Schlittschuhlaufen. Bald war ich im ganzen Viertel als Sängerin bekannt.

Während mein Vater außer sich über meinen künstlerischen Werdegang war und sich stets peinlich berührt abwandte – ich sollte ein Junge werden, Günther heißen und das Geschäft übernehmen – Göttin sei Dank, er wurde noch in diesem Jahr geboren! – fand meine Mutti meine musikalischen

*Petra Perle und ihr erster Freund Ted, der sie bei ihren ersten Auftritten begleitete. Ted wurde später in der Marktforschung ein hohes Tier.*

Ansätze gar nicht so übel. Leider konnte sie sich nicht gegen meinen resoluten Vater durchsetzen. Um das Schlimmste zu verhindern, wurde ich mit sechs Jahren in eine Klosterschule gesteckt. Statt singen lernte ich das Vaterunser. So wurde meiner musikalischen Laufbahn vorerst brutal ein Ende gesetzt.

Ich schwor Rache und wartete sehnsüchtig auf meine erste Periode, um mich aus der Sinnlosigkeit des Klosterkerkers zu befreien. Schwarze Damenkleider wurden für mich zum roten Tuch, und ich konzentrierte mich erneut auf die Farbe Rosa. Mein Weg der Befreiung – ich wußte, er würde kommen. In meinen Träumen sah ich stets ein rosa Licht am Ende des Tunnels.

Mein einziger Lichtblick während meiner Schulzeit war einmal im Monat der Samstagabend. Nach dem Baden war es soweit – ich durfte die ZDF-Hitparade sehen! Hier flimmerte mein Ziel über den Bildschirm – in Schlagersängerinnen wie Maggie May, Juliane Werding, Katja Ebstein oder dem femininen Rex Gildo fand ich mich wieder. Da ich keine Haustiere halten durfte, benannte ich meine Zimmerpflanzen nach diesen Stars. Meinem kleinen grünen Kaktus gab ich sogar den Namen Jürgen Markus. Er ging leider ein; Heino hingegen habe ich noch heute.

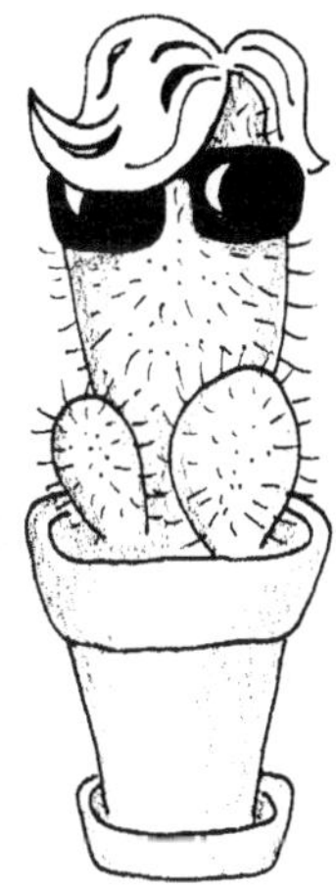

*Heino: immer eine Augenweide*

Mit 14 Jahren änderte sich mein Leidensweg geringfügig. Meine Eltern schickten mich auf die Fachhochschule für Haushalt und Wirtschaft, um sicher zu gehen, daß ich einmal eine perfekte Hausfrau werden würde. Schnell stellte ich fest, daß ich auch hier fehl am Platz war und mich mit altertümlichen Haushalts- und Putzmethoden rumärgern mußte. Das einzige, was mir an der Schule erfreulich in Erinnerung blieb, war mein Klassenkamerad Toni Propper. Er war ein Außenseiter wie ich, da er mit 14 Jahren wegen seiner Glatze ständig gehänselt wurde. Toni war sehr verliebt in mich, erledigte alle meinen Hausaufgaben und ließ mich bei Prüfungen stets abschreiben. Er hatte einen krankhaften Sauberkeitswahn, und als er mich einmal küssen wollte, verlangte er von mir, daß ich vorher mit Sagrotan gurgeln sollte. Ich weigerte mich und reichte ihm aber meine Hand, die er gründlich säuberte und dann innig küßte. So blieb unsere Liebe platonisch, und ich glaube, bis heute hat Toni noch nie richtig geküßt. Er weigerte sich sogar, schmutzige Worte in den Mund zu nehmen, was mir sehr gut an ihm gefiel, und ich versuchte seinem Vorbild zu folgen. Leider hatte ich Toni nach unserem Schulabschluß aus den Augen verloren – bis ich ihn eines Tages im Werbefernsehen für einen Haushaltsreiniger wiedersah! Ich erkannte ihn sofort an seiner blank polierten Glatze. Inzwischen nannte er sich Meister.

Eine blitzsaubere Karriere, dachte ich mir, das ist auch mein Ziel. Allerdings mußte ich noch etwas darauf warten. Meine Abschlußnoten sprachen nicht gerade für eine steile Karriere, und mir war klar, ich mußte mich umorientieren.

Handwerk hat goldenen Boden, meinten meine Eltern, und da mein Vater ein Antiquitätengeschäft für Schmuck besaß, hielten sie eine Ausbildung zur Goldschmiedin für vernünftig. Dann könnte ich doch noch das Geschäft übernehmen! Du siehst liebe Freundin, Eltern haben meist unser Leben verplant und ganz bestimmte Vorstellungen, was aus uns einmal werden soll. Da heißt es entweder Protest oder auf die Eltern hören und hoffen, daß das Schicksal es doch noch irgendwann einmal gut mit Dir meint.

Die Klosterschule zeigte schließlich bei mir ihre Wirkung, und ich fügte mich meinen Eltern. Schön blöd, dachte ich, aber ich hatte nicht den Mut, sie zu enttäuschen, zumal mein Bruder Günther, dem diese Aufgabe eigentlich zugedacht war, die Ausbildung abbrechen mußte, da er auf Goldstaub allergisch reagierte. Er hatte – im Gegensatz zu mir – ein Händchen für kulinarische Künste und widmete sich einer Ausbildung zum Meisterkoch. Die Hoffnung lag also auf mir.

Zu meiner größten Überraschung fand ich großen Gefallen an der Goldschmiederei und stellte fest, daß ich auch hier einen Teil meiner Träume verwirklichen konnte. Eine Schwäche für Schmuck hatte ich ja schon als kleines Mädchen. Nach drei in Schallgeschwindigkeit vergangenen Jahren schaffte ich mit Bravour meinen Gesellenbrief.

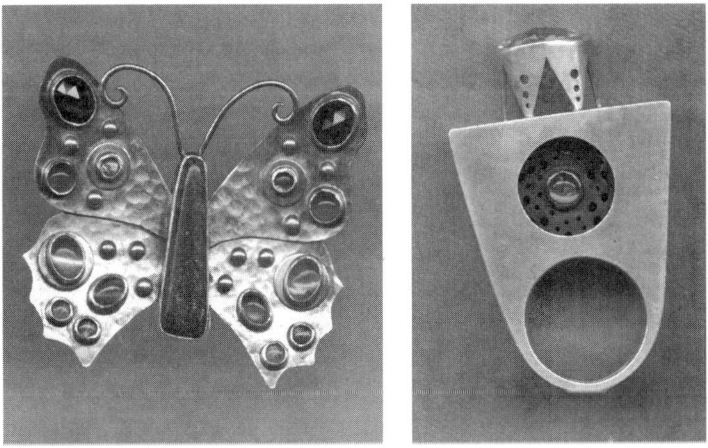

*Aus Petra Perles Schatzkiste: Schmetterling- und Sternenhimmelring*

Super! Ich bekam viele Glückwünsche von Freunden und Verwandten, wobei letztere öfters betonen, daß jetzt der Ernst des Lebens beginnen würde. Inzwischen wesentlich selbstbewußter, beschloß ich einfach abzuwarten, was passiert. Aber weder untertags beim Baden, Shoppen oder bei gelegentlichen Besuchen des Arbeitsamtes, noch nachts in diversen Clubs und Kneipen begegnete mir der Ernst des Lebens.

Statt dessen traf ich Harald, den Mann meiner Träume. Ein Glückstreffer, ein Sechser im Lotto! Er war einfach alles für mich, und es war Liebe auf den ersten Blick.

Mit Begeisterung stellte ich fest, daß Harald Musiker und ein As im Haushalt war. Von ihm stammt die Theorie, daß Abspülen entspannt und potenzsteigernd ist. Ich kann es nur bestätigen, denn nach einem Monat war ich bereits hochschwanger.

Von morgens bis nachts von den musikalischen Kompositionen meines Schatzis umhüllt, erwachte bei mir während der Schwangerschaft wieder mein Wunsch, Schlagersängerin zu werden.

*Dieser Mann ist für mich die perfekte Fusion von Haushalt und Musik.*

Die freudige Nachricht, daß sein Ejakulat bei mir auf fruchtbaren Boden gefallen war, teilte ich meinem Tiger, wie ich ihn auch gerne nenne, deshalb musikalisch mit meiner ersten Eigenkomposition mit. Passend und absolut konsequent nannte ich meinen ersten Hit »Ich bekomme ein Baby«. Und falls Du, liebe Freundin, gerade schwanger sein solltest (was ich jedoch nicht hoffe, lies bitte vorher in dem Kapitel 4 meine Ausführungen über Kinder!), dann teste Deinen Auserwählten gleich mal mit meinem ersten Schlager.

## *Ich bekomme ein Baby*

Meine Liebe zu Dir die ist ehrlich
Meine Liebe zu Dir die ist schön
Doch die Brücke zu Dir ist beschwerlich,
Ich hab was für Dich, du wirst nie wieder gehn.

Ich bekomme ein Baby, mein Gott hast Du Glück
Ich bekomme ein Baby, es gibt keinen Weg zurück
Ich bekomme ein Baby bald sind wir zu dritt
Und Du bekommst eins mit

Unsere Mütter die heißen jetzt Omas
Und die Väter dann Großpapa
Wird's ein Junge dann heißt er Thomas
Und das Mädchen heißt Viktoria

Ich bekomme ein Baby, mein Gott hast Du Glück
Ich bekomme ein Baby, es gibt keinen Weg zurück
Ich bekomme ein Baby, alle freun sich sehr
Ich bekomme ein Baby, später werdens dann noch mehr.

Komm mein Schatz halt mich fest, aber drück nicht so sehr
Dazu haben wir noch Platz, aber später nicht mehr
Wenn das Kind erst da ich, freust Du Dich so wie ich
Bitte Liebling laß mich niemals im Stich.

Ich bekomme ein Baby, mein Gott hast Du Glück
Ich bekomme ein Baby, es gibt keinen Weg zurück
Ich bekomme ein Baby, warum lachst Du nicht mehr
Ich bekomme ein Baby, Kindermachen ist nicht schwer.

Wenn Dein Auserwählter dann immer noch um Deine Hand anhält und Dir verspricht, daß er für Dich durch die Hölle geht, hast Du Glück gehabt. Diese Art Männer sind heute so gut wie ausgestorben.

Ich hatte jedenfalls Glück: Der Schatzi war schwer begeistert von meiner ersten Eigenkomposition und Gott sei Dank auch von der Tatsache, daß er Vater wird. Wir heirateten, mein Glück war perfekt: ich – die junge Ehefrau! Noch absolut unerfahren in meiner Rolle als Mutter freute ich mich auf unsere kleine Familie, die nach zwei Jahren bereits vierköpfig war. Meine Karriere als Schlagersängerin und meinen ersten Song mußte ich allerdings, den Umständen entsprechend, wieder in die Schublade stecken. Noch war die Zeit nicht reif, und ich wohl auch nicht.

## Von der Hausfrau zur Schlagersängerin

Ich wollte also zunächst versuchen eine perfekte Mutter und Hausfrau zu sein. Und das gelang mir, Dank meinem Schatzi, auch ausgezeichnet: Er kümmerte sich rührend um den Haushalt und ich mich um die Kinder. Die beiden Kleinen gingen gerne früh ins Bett und waren wie wir Langschläfer. So konnten wir nach wie vor unserer gemeinsamen Leidenschaft – einem späten Frühstück – sehr oft nachgehen. Fast immer gab es ofenfrische Laugenbrezen mit Salz und Butter. Der tägliche Umgang mit diesem leckeren Gebäck brachte mich auf die Idee, der Breze auf den Zahn zu fühlen. Woher kam sie, und warum wurde dieses Kulturgut so wenig in der bayrischen Kunstszene gewürdigt? Ich beschloß, dies zu ändern, und wurde spontan Brezenforscherin.

Ich sah die Breze plötzlich mit anderen Augen. Meine Liebe zum Künstlerischen zeigte sich mir in einer ganz

Der Brez'n Picasso
Eine Hommage an den Avantgardismus

Die Dali-Breze
Liebeserklärung an einen Seelenverwandten

neuen Form. Die Breze als Roy Lichtenstein-Adaption, eine Henry Moore-Brezel, einen Brez'n-Picasso oder eine Dali-Breze – meiner Phantasie ließ ich freien Lauf.

*»Wenn es heute um Surrealismus geht, fällt bei mir spontan ein Name: Petra Perle. Ihre traumhaften Bildvisionen und couragierten Assoziationen faszinieren immer wieder.«*

*Martin Levec*
Kunstgourmet, Kunst(B)Handlung, München

Die Zeit, bis ich endlich die Bretter, die Welt bedeuten, betreten konnte, überbrückte ich dadurch sehr sinnvoll und machte mir in München einen Namen als extravagante Künstlerin.

Sogar das Titelbild eines Münchner Stadtmagazins wurde mir gewidmet. Zusammen mit Müller-Brot entstand auch ein Buch zu der Brezel: »Die Brez'n«. Und das Brotmuseum in Ulm widmete der Breze – Dank meines Engagements! – endlich die längst überfällige Hommage an dieses Backwerk.

An dieser Stelle, liebe Freundin, möchte ich anmerken: Wann immer Dich der Gedanke einer Veränderung überkommt, gib ihm nach. Auch wenn er Dir zunächst vielleicht banal erscheint, es bringt Dich einen Schritt weiter! Die einfachen Dinge sind oft die Sahne auf dem Kuchen. Und natürlich darfst Du nie den Spaßfaktor bei Deinen Entscheidungen vergessen. Denk daran, wenn Dir etwas absolut keinen Spaß macht, hör auf damit, es bringt nichts.

Die Mission, der Breze würdige Anerkennung zu verschaffen, war damit erfüllt. Aber schon kreuzte eine neue Idee mein Leben. Meine Freunde Heidi und Peter planten eine Modenschau. Ich wollte eigentlich zu diesem Anlaß meine erste Hutkollektion präsentieren. Aber es kam ganz anders. Gleich bei der ersten Besprechung wurde aus der Modenschau die »Wünsch Dir was-Show« und aus den ganzen Ideen eine Initiative zur Förderung der Münchner Kultur – der Creativ Beschleuniger EV.

Unsere »Wünsch Dir was-Show« wurde dank unseres gemeinsamen Engagements ein voller Erfolg. Ein unvergeßlicher Abend! Du wirst es nicht glauben, meine liebe Freundin, am 7. April 1991 stand ich zum ersten Mal vor fast 1000 Leuten auf der Bühne. Für meine heiße Tanznummer »Mein Polyboy und ich« (das Baby hielt ich für den Anlaß nicht so passend, und einen neuen Song hatte ich noch nicht) bekam ich stürmischen Applaus. An diesem Abend klärte ich die Damen und auch Herren im Publikum auf, welches Outfit und welche Dessous moderne Hausfrauen tragen. Damit habe ich nicht nur für modische Aufklärung gesorgt, sondern auch auf eine ganz neue Putzform hingewiesen, die sich bereits in einigen Haushalten etabliert hat. Kein Wunder, daß ich in dieser Nacht noch zur Hausfrau 2000 gekürt wurde!

Nachdem ich den ersten Schritt auf die Bühne gewagt hatte, war ich nicht mehr zu bremsen. Ich wußte, mein Ziel, Schlagersängerin zu werden, war nicht mehr weit entfernt. In meinen Träumen sah ich mich schon beim Grand Prix d'Eurovision.

## Der Wahre Grand Prix

Der Grand Prix d'Eurovision hatte längst an Glanz verloren. Vor allem in Deutschland war es zu Beginn der 90er Jahre ganz schlecht um den Schlager bestellt. Kein Wunder! Den Altproduzenten, die seit Jahren die deutsche Vorauswahl fest in der Hand hatten, fiel nichts mehr ein, und der Nachwuchs bekam nicht mal eine Chance ins Rennen zu gehen – die alten Herren wollten den Kuchen eben weiterhin unter sich aufteilen, ohne einen Krümel abzugeben.

1992 machte ich selbst den Versuch, frischen Wind in die angestaubte Veranstaltung zu bringen und schickte meinen Titel »Ich bekomme ein Baby« ein. Unabgehört bekam ich das Band zurück. Aber so einfach lasse ich mich nicht einschüchtern und beschloß: Jetzt reicht's! Gemeinsam mit meiner Freundin Conny Sü Prem rief ich kurzentschlossen den Wahren Grand Prix ins Leben, den einzig wahren Wettbewerb für den Schlagernachwuchs.

Unsere Freunde hielten das für eine phantastische Idee. Drei Tage später war ein Artikel mit einem großen Foto von mir in der Abendzeitung, und erstmals stellte ich mich der Öffentlichkeit als Petra Perle vor. Bereits einen Monat später hatten wir über 50 interessante Bewerbungen auf dem Tisch liegen. Grandios! Zwanzig Titel kamen in unsere engere Auswahl. Besonders ein Kandidat hatte voll ins Schwarze getroffen – Fred mit seiner Hymne »Du bist für mich wie ein Grand Prix« war die ideale Eröffnungsnummer. Highlight folgte auf Highlight.

Wie ein Lauffeuer hatte sich die Nachricht von unserem Wahren Grand Prix herumgesprochen. Nicht unbeteiligt war der SGD (Schwuler Geheimdienst). Sechs Fernsehteams hatten sich bereits angekündigt, die Münchner Presse war vollständig vertreten, und Tage vorher war die Veranstaltung bereits ausverkauft. Tickets wurden zu Höchstpreisen gehandelt. Alles lief ganz entspannt, bis dann tatsächlich Einlaß war – Massen drängten sich in dem engen Foyer des Theaters, der Besitzer drehte fast durch! Er blieb Gott sei Dank der Einzige. Unser Starmoderator Nicki Nahtlos wurde herzlich empfangen und unser Fred, die Startnummer eins, ging in Begeisterungsstürmen unter.

Gleich war es soweit – ich hatte meinen Traum verwirklicht und würde als Schlagersängerin auf der Bühne stehen. Ein eigenartiges, mir unbekanntes Gefühl stieg in mir auf: Lampenfieber! Als Startnummer fünf schwebte ich auf die Bretter, die die Welt bedeuten. Ich war beim Grand Prix! Nur das zählte.

*Petra Perle beim ersten Wahren Grand Prix 1993*

Ich sang, wie ich noch nie gesungen hatte und traf fast jeden Ton. Meine grazile Tanzeinlage, die ich noch aus der Schwangerschaftsgymnastik kannte, begeisterte und ist vielen in bester Erinnerung geblieben. Die Minuten bis zur Stimmenauszählung waren nervenzerreißend. Als die Gewinner bekanntgegeben wurden und ich auf den 2. Platz kam, war mein Glück so unendlich, daß ich das Atmen vergaß und in Ohnmacht fiel. Seitdem hole ich in kritischen Situationen immer einen Merkzettel heraus und lese mir langsam vor: Einatmen – ausatmen.

Die Nacht war eine rauschende Party, die zwei Tage lang dauerte. Mein rosaroter Traum war in Erfüllung gegangen. Ich war überglücklich und wußte, ich wollte so weitermachen.

Der erste Wahre Grand Prix war 1993 ein voller Erfolg und bekam ein großes Medienecho. Die traditionellen Schlagermacher jedoch belächelten diese neue Bewegung nur, bezeichneten sie als Parodie und wollten nicht kapieren, daß es Zeit für eine neue Schlagerära war. Über Nacht war ich also auch noch zur Mutter der neuen Schlagerwelle geworden. Mir war nun glasklar, was meine Aufgabe war: den deutschen Schlager retten. Durch meine Erfahrungen im Haushalt wußte ich, daß ich da mal kräftig durchputzen mußte. Und ich wußte auch, ganz alleine würde mir meine Berufung keinen Spaß machen. Für so eine große Aufgabe würde ich auf jeden Fall Unterstützung benötigen. Ich hatte auch schon zwei Verbündete: meine Freundinnen Conny und Ingeborg. Sie waren ebenfalls mit Schlagern aufgewachsen und verstanden die Rettung des deutschen Schlagers auch als ihre Mission.

Der erste Schritt war, das lag auf der Hand, unsere musikalischen Entdeckungen des Wahren Grand Prix auf CD zu verewigen. Ingeborg Schober, die als beste deutsche Musikjournalistin die Branche in und auswendig kennt, nannte uns einige Plattenfirmen, wo wir auch sofort anfragten. Aber es war enttäuschend, niemand schien sich für Schlager zu interessieren. Wir bekamen keine Antwort auf unsere Briefe, geschweige denn einen Termin. Unsere letzte Hoffnung war die Beautiful Sound Company, kurz BSC Music. Wenn wir hier nicht richtig sind dachten wir, wo dann?

Wir waren richtig! Christoph Bühring-Uhle, der Präsident, empfing uns persönlich. Ihm gefielen unsere Entdeckungen und die Idee unserer Nachwuchsförderungs-Aktion. Nach einer Woche war der Vertrag unterschrieben.

Aber, liebe Freundin, nicht immer war alles so leicht – doch wenn man ein festes Ziel vor Augen hat und Schritt für Schritt vorgeht, ist alles zu schaffen. Wir merkten ziemlich schnell, der Erfolg kommt nicht von allein. BSC Music nahm uns zwar sehr viel Arbeit ab, aber der Knochenjob blieb an uns hängen: die Promotiontour. Daß es einer ist, wußten wir erst danach. Aber wir hatten uns in den Kopf gesetzt, selbst die Rundfunk- und Fernsehhäuser in ganz Deutschland zu besuchen. Schließlich wollten wir persönlich wissen, wie unseren neuen Schlager ankamen.

Dezent gekleidet, optimistisch und positiv eingestellt fuhren wir los. Etwas irritiert öffneten wir die Türen der anonymen Betonklötze, die sich Rundfunk- und Fernsehanstalten nannten. Wir fanden dort verbitterte ältere Männer vor, die hinter Bergen von CDs versteckt waren und skeptisch unseren neuen Schlagern lauschten. Manche tauten jedoch im Laufe unserer amüsanten Unterhaltung auf und wurden richtig zutraulich, andere ließen wir verunsichert oder ratlos zurück – sie waren wohl überfordert. Übrigens, je nördlicher wir kamen, um so positiver war die Resonanz: Während sich der Bayerische und der Hessische Rundfunk mehr oder weniger durch seine Tiefkühlatmosphäre auszeichnete, waren die Redakteure vom SWF, WDR, Radio Bremen, NDR und SFB sehr aufgeschlossen. Sie sagten uns Radioeinsätze zu, und wir bekamen einige Interviewtermine und Einladungen zu Fernsehauftritten und netten Abendessen.

Nach 14 Tagen kehrten wir nach einem Wechselbad aus

Hochs und Tiefs mit vielen Erfahrungen reicher und knapp 3000 km hinter uns ziemlich erschöpft zurück. Viele hätten wahrscheinlich an dieser Stelle gesagt, nein danke, mit mir nicht. Aber, liebe Freundin, so schnell darf man sein Ziel nicht aufgeben!

1995 wußten wir, wir sind nicht allein mit unserer Rettungsaktion. Erstmals hörten wir von Guildo Horn, von seinen Fans Meister genannt, der sich von Trier aufgemacht hatte, um uns den Schlager in seiner wahren Form wieder näher zu bringen. Wir freuten uns deshalb sehr, daß wir kurze Zeit später mit Guildo Horn zu einem Roundtable-Gespräch über den Schlager eingeladen wurden. Ich ahnte damals schon, daß es kein Zufall war, daß ich zum zweiten mal in meinem Leben einen Meister traf.

Als Perle und Mutter des neuen deutschen Schlagers war ich begeistert einen Mann zu treffen, der nicht nur gut gekleidet war, sondern der auch so viel Herz und Verstand besaß, daß er fast ein Frau hätte sein können. Ich spürte sofort, daß wir auf einer Wellenlänge lagen, und natürlich verband uns auch der Wunsch, dem angestaubten Grand Prix d'Eurovision neuen Glanz zu verleihen. Deshalb saß Guildo Horn 1995 beim dritten Wahren Grand Prix auch als Meister der neuen Schlagerwelle mit in der Fachjury, der Michael Holm als erster Förderer der neuen Schlagerbewegung von Anfang an angehörte. So kam es, daß sich »Meister« und »Altmeister« kennenlernten. Von da an versuchten wir nun gemeinsam die versiegelten Mauern der Eurovisionsbastille zu durchbrechen. Während Guildo mit seinen Orthopädischen Strümpfen durch die Lande tourte und für Aufklärung sorgte, initiierte ich mit meinen Freunden in München die ersten Schlagerpartys, die bereits nach wenigen Wochen der neue Szenehit wurden. Ein bunter

*Wer könnte besser neuen Glanz in die angestaubte Schlagerszene bringen als eine Perle und ein Meister?*

Schlager-Cocktail mit ungewöhnlichen Gästen, einer Portion Schlagersahne und bester Tanzmusik von DJ I. C. King und Schnucki-Boy »Johannes«. Jeden Montag präsentierten wir seitdem in unserer Show »Im siebten Schlagerhimmel« ein bis zwei Newcomer. Wir entdeckten Künstler wie Viktor Bergmann, Johnny Gold, Hilde Gard, Vulcano, Roy Luna, Mönd Naumann, die Tanzkapelle Apollo, Karl Schlagerfeld und viele mehr. Bald waren wir mit unserer Show auch in Nürnberg im Forum, und es dauerte kaum ein Jahr, bis unsere Schlagerparty bundesweit erfolgreich kopiert wurde. Der Schlager boomte!

Mit Penetranz ans Ziel zu kommen war schon immer

unser Motto, und so beschlossen wir, die nächste Aufgabe in Angriff zu nehmen und die ZDF-Hitparade zu stürmen.

## Einmal in die ZDF-Hitparade

Da wollten wir mit einem unserer Newcomer hin! Also hieß es erst mal losfahren und die Mainzelmännchen besuchen. Die Zutraulichkeit der possierlichen kleinen Männchen ist enorm, was am Rheinland und dem dort anwüchsigen Wein zu liegen schien. Da die ZDF-Hitparaden-Redaktion für unser avantgardistisches Musikprojekt noch nicht reif war, besuchten wir den damaligen Unterhaltungschef Axel Bayer. Und als wir uns verabschiedeten, hatten wir die Zusage, daß der Wahre Grand Prix 1996 vom ZDF übertragen würde, in der Tasche.

*Axel Bayer, ganz Gentleman, überreicht Petra Perle eine silberne Rose*

Die Zeichen der Zeit waren unübersehbar. Während Deutschland 1995 nur mit einem Punkt aus Malta vom Eurovisionsspektakel zurückkehrte, fiel 1996 sogar Deutschlands Vertreter Leon für den Grand Prix, ganz aus der Wertung. Der Wahre Grand Prix flimmerte als einziger Songcontest in voller Länge über den Bildschirm.

Ein Traum in Rosa wurde schließlich der fünfte Wahre Grand Prix, und mein Traumpartner Rex mischte etwas himmelblau dazu. Wie auf Wolken schwebten wir durch die Jubiläumshow in einem wunderschön geschmückten Colosseum in München. Tausende von Schlagerfans begrüßten uns mit einem brausenden *Hossa!* Unsere Stargäste Ingrid Peters, Claudia Jung, Michael Holm, Bata Illic und Guildo Horn wurden gefeiert wie zur Blütezeit des deutschen Schlagers. Cindy und Bert, die Schirmherren, konnten es kaum glauben, wie die Halle tobte. Unsere zwölf Kandidaten waren einmalig und zeigten, daß der Schlager zu neuem Leben erwacht war; Sieger unseres Nachwuchswettbewerbs wurden nach spannenden 90 Minuten das blitzsaubere Duo Cliff & Rexonah mit ihrem Ohrwurm »Ich fand das ganz große Glück mit Dir im Zug nach Osnabrück«. Und dieses Mal wurde unser Siegertitel tatsächlich ein Hit! Plötzlich öffneten sich sogar die Tore zur ZDF-Hitparade.

Zur 333. Hitparade passierte dann das unglaubliche – Cliff & Rexonah schafften – gegen eine harte Konkurrenz von Altstars wie Ibo oder Peggy March – Platz eins! In den folgenden Wochen ging der Siegertitel in zahlreiche Schlagercharts, und Cliff & Rexonah wurden in vielen TV Shows als Newcomer gefeiert. Das Glück war perfekt – das Ziel nicht nur erreicht, sondern sogar noch übertroffen!

# DER WAHRE GRAND PRIX
## 1993–1997

»München fordert die internationale Schlagermafia heraus ... Die ultimative Alternative zum Einheitsbrei Marke Siegel und Co.«
Reinraus Magazin, April 1993

»Der Wahre Schlager-Grand Prix fand in München statt.
... eine teuflisch gute Idee.«
Prinz München, Dezember 1993

»... Die Melodien wollen einem tagelang nicht mehr aus dem Kopf gehen.«
Trierischer Volksfreund, Dezember 1993

»Skurrile Töne zwischen Holm und Helge ... Rund 600 Zuschauer und eine unüberschaubare Schar von Medienvertretern ließen das Spektakel fast schon dublinartige Dimensionen annehmen.«
Musikwoche, Mai 1994

»War das ein Spaß. Und die Schlager waren viiiel schnultziger als beim Grand Prix d'Eurovision, die subversive Schlager-Antwort auf Ralph Siegel & Co. war auch dieses Jahr der Szene-Leckerbissen schlechthin.«
McDonalds Kino News, Juli 94

»Der Wahre Grand Prix 1995 ... Inzwischen fester Bestandteil in der Riege der besten Events Deutschlands ... Als Forum für die neue Generation des deutschen Schlagers hat sich der Wettbewerb binnen zwei Jahren Rang und Namen erworben.«
Prinz, April 1995

Das erste offizielle Petra Perle-Pressefoto anläßlich des ersten Wahren Grand Prix.

Die Jury des vierten Wahren Grand Prix:
Dunja Raiter, Lucie van Orc, Michael Holm, Victor Bergmann, Guildo Horn.

Eine Stimme aus Gold – Johnny Gold!

Der Mann, den die Frauen lieben – Viktor Bergmann!

Roy Luna – der leuchtende Stern am Schlagerhimmel!

Tony & Chris – zwei für alle Fälle!

Bezaubernd, Hilde Gard!

Entzückend: die Posi-Singers!

mmer ein Highlight: die J. B. Combo!

Blond und schön: die Barbies!

*Die schönste Boygroup der Welt: die Apollos!*

*Einmalig: Nicki Nahtlos und Dirk Bach!*

»Zuckersüßes aus dem Schlagerland. Der Wahre Grand Prix versucht sich als witzige Konkurrenz zum echten Grand Prix Eurovision. Das Publikum tobt. Der totgeglaubte deutsche Schlager lebt und feiert wieder Triumphe.«
Focus, April 1995

»Mittlerweile hat der ›Wahre Grand Prix‹ dem immer fader werdenden Eurovisionsspektakel den Rang abgelaufen.«
Münchner Merkur, April 1995

»Schlager müssen nicht ätzend sein – Der Wahre Grand Prix belehrt eines Besseren.«
Thüringer Allgemeine, November 1995

»Der Schlager lebt! Beim wirklichen Grand Prix Eurovision de la Chanson ist in diesem Jahr kein deutscher Sangeskünstler vertreten – beim ›Wahren Grand Prix '96‹ eifern dafür 14 germanische Interpreten um die Krone des Schlagers.«
TV Today, April 1996

»Deutschland fröhlich Schlagerland ... Der Trubel um den Wahren Grand Prix bezieht seinen Reiz natürlich auch aus der jammervollen Lage des traditionellen deutschen Schlagers ...«
WOM Journal, Mai 1996

»... Doch es gibt Hoffnung. Der Wahre Grand Prix ... hat sich zum ultimativen Rettungsanker der deutschen Schlagerkultur gemausert ...«
Berliner Tagesspiegel, Mai 1996

»Herz reimt sich auf Schmerz. Schlager-Deutschland erbebt unter dem alternativen ›Wahren Grand Prix‹ ... Der Schlager ist so frisch und modern wie schon seit Jahren nicht mehr.«
Gong, Mai 1996

»Münchner Hausfrau Petra Perle macht dem ›Grand Prix‹ Konkurrenz.«
Frau Aktuell, Mai 1996

»Der Wahre Grand Prix ... hat mittlerweile Kultstatus: Die vierte Ausgabe dieses einmal jährlich stattfindenden Wettbewerbs stellte nun alles Vorangegangene in den Schatten, die Medien berichteten nahezu ohne Ausnahme.«
Musikmarkt, Mai 1996

»Die neue Sehnsucht nach Gefühlen ... Kult-Sängerin Petra Perle macht es vor und alle nach ...«
Das goldene Blatt, Juli 1996

»Icking gegen die Schlagermafia: Der Wahre Grand Prix, so schön wie noch nie!«
Süddeutsche Zeitung, April 1997

»Der deutsche Schlager lebt – und wie. Beim Wahren Grand Prix feiern neue Fans die Rückkehr von Herz und Schmerz. Heute schauen die Cracks wie Siegel und Hanne Haller mit Argusaugen was im Schlageruntergrund vor sich geht ...«
Die Welt, April 1997

»Glückstaumel im ZDF-Hit-Express ... Schlager-Duo Cliff & Rexonah, Gewinner des Münchner Wahren Grand Prix, konnte sich in der ZDF Hitparade an den ersten Platz singen ... Das Schlagerkartell von Ralph Siegel und Freunden bekommt endlich ernstzunehmende Konkurrenz.«
Abendzeitung, August 1997

*»Zuerst machen Sie sich über Dich lustig, dann regen Sie sich über Dich auf, dann bekämpfen Sie Dich und dann besiegst Du Sie.«*

*Mahatma Gandhi*

## Danke Meister!

Als dann im Winter 1997 feststand, daß Guildo Horn zum Vorentscheid für den echten Grand Prix ins Rennen geschickt wurde, war auch unser nächstes großes Ziel erreicht. Die ARD hatte endlich nach fünf Jahren den Zeitgeist erkannt und neuen Talenten die Tür geöffnet. Der Wahre Grand Prix hatte seine Aufgabe erfüllt und war nun mit dem Offiziellen verschmolzen.

Nach Guildo Horns triumphalem Sieg bei der deutschen Vorentscheidung wachten dann plötzlich alle auf. Die ganze Nation begann sich zu spalten und zu überlegen, wie es soweit kommen konnte. Uns wunderte das nicht. Guildo Horn hatte verdient gewonnen: Er hatte sich durch jahrelange Aufklärungsarbeit und Touren seine Fans hart erkämpft, und die waren jetzt da, um zu zeigen, wo es zukünftig langgehen sollte. Der Schlager, der ja ursprünglich aus der Gosse kam und ein bestimmtes Lebensgefühl widerspiegelte, war durch Guildo Horn und uns wieder zum Leben erwacht. Die neuen Schlagerfans wollten nicht mehr die gezüchteten Retortenkünstler und banalen, seichten nichtssagenden Songs der Alt-Herren-Riege. Sie wollten wahre Interpreten mit Herz und Gefühl, die eine Botschaft für uns haben. Endlich ist der Weg frei für die neue Schlagergarde:

*»Siegel muß nun die Strafe dafür zahlen, daß er jahrelang den Geschmack der partywilligen Jugend mißachtete.«*

*Die tageszeitung, März 1998*

## *Danke Meister!*

In unsrem wahren Schlagerland
In einer Welt voll Heiterkeit
Da ist ein Meister sehr bekannt
Bringt uns die Schlagerseligkeit

Und diesen Meister, den wir lieben,
der heißt Guildo
Großer, kluger, schöner Meister Guildo
Bunt wird endlich unsre Welt
Sing für uns was uns gefällt

Wir lieben alle unsren klugen Meister Horn
Wir Schlagerfreunde sehen Dich ganz vorn

Danke Meister!
Danke Meister!
Hörnchen, wir haben Dich so lieb

Versiegelt war bisher die Welt
Regiert von Macht und Neid und Geld
Der Meister hat dreimal gepiept
Der wahre Schlager hat gesiegt

Danke Meister, piep, piep, piep
Danke Meister, piep, piep, piep

Du siehst liebe Freundin, aus meinem Traum, einmal Schlagersängerin zu werden, wurde eine Revolution des deutschen Schlagers. Auf dem Weg dorthin gingen viele meiner Wünsche in Erfüllung. Von einer ganz normalen Hausfrau entwickelte ich mich zur Mutter des neuen deutschen Schlager, und ganz nebenbei auch zu einer Hausfrau 2000.

## 2. KAPITEL

# Die Hausfrau 2000

Die putzende Hausfrau, die Eimer und Besen schwingend Mann und Kinder aus dem Hause trieb, war jahrhundertelang die Zielscheibe von Witzblättern und Karikaturisten. Wilhelm Busch sah das so:

*»Der Samstag ist meist so ein Tag,*
*Den der Vater nicht leiden mag.*
*Es wirbelt der Staub, der Besen schwirrt,*
*man irrt umher und ist verwirrt.«*

Heute besteht kein Grund mehr zu solchen Witzen, denn die moderne Hausfrau 2000 weiß, was sie will und wozu sie Lust hat.

Im Gegensatz zur ganz normalen Hausfrau hat die Hausfrau 2000 keine Angst vor Schmutz. Warum auch? Schließlich ist sie eine Megaperle mit sensationellen Putzmethoden und einem raffinierten Haushaltsplan – und das bedeutet: auf keinen Fall zuviel Arbeit, denn das ist ungesund, ja geradezu gefährlich. Und auch wenn die Hausfrau 2000 ihr Haushaltsbudget manchmal kürzen muß, so weist es niemals rote Zahlen auf. Haushaltslöcher weiß sie kunstfertig zu

*Eine Lieblingsbeschäftigung der Hausfrau 2000 – der Kontakt zur Außenwelt*

*Petra Perle demonstriert gegen die Atomversuche Frankreichs*

flicken, und Flecken entfernt sie durch geschicktes Herausschneiden. Sie bleibt einfach auf dem Teppich; auch wenn dieser plötzlich anfangen sollte zu fliegen, saugt sie gründlich weiter. Sie räumt dort auf, wo es Sinn macht und wäscht dreckige Wäsche nur dann kräftig durch, wenn es unbedingt sein muß. Sie schmeißt alle Konventionen über Bord und geht mit ihrer Meinung kompromißlos auf die Straße.

Die Hausfrau 2000 macht, was ihr Spaß macht und wozu sie gerade Lust hat. Sie bekennt Farbe, auch wenn es um sie herum grau und schwarz ist. Na, liebe Freundin, hast du schon Lust auf etwas Abwechslung? Ich verrate Dir gerne, wie auch aus Dir eine Hausfrau 2000 werden kann.

## Das ganze Leben ist ein Spiel

Unser aller größtes Problem ist ja, daß wir das Leben zu ernst nehmen und viel zu wenig an unser Glück glauben. Dabei ist das ganze Leben nichts anderes als ein spannendes Spiel – und wir sind die Kandidaten. Betrachten wir es einmal aus der Perspektive des Monopoly-Spielers – heute noch über Los, morgen schon ins Gefängnis. Man denke nur an die Politiker, Bauunternehmer, Industrielle oder Konzertveranstalter wie Graf Avram von Schneider-Zwick.

*»Wer gewinnen will, muß seinem Glück eine Chance geben!«*

*Petra Perle*

Das ist wie beim Lottospielen. Wenn Du keinen Tip abgibst, kannst Du auch nicht gewinnen. In Amerika heißt es: All you need is a dollar and a dream. Deshalb liebe Freundin, kaufe Dir gleich morgen ein Jahreslos. Es ist ganz wichtig, daß Du für Dein Glück etwas tust. Und denke immer optimistisch und positiv, denn das stärkt Dein Selbstbewußtsein. Streiche negative Vokabeln und Meinungen umgehend aus Deinem Wortschatz und Deinem Gehirn. Zähle Dich lieber von Anfang an zu den Gewinnern – alles, was Du dazu tun mußt, ist an Dich und Dein Glück zu glauben.

Noch ein Tip: Klebe Dir den Ausspruch der beiden amerikanischen Positivdenker John-Roger und Peter McWilliams an Deinen Schminkspiegel oder unters Dekolleté:

*»Hat es eine geschafft,*
*dann könntest Du die zweite sein.*
*Hat es keine geschafft,*
*dann könntest Du die erste sein.«*

Alles ist möglich – vom Tellerwäscher zum Millionär, von der Tippse zum Top Ten-Superstar. Das Leben ist voller Überraschungen! Und Du hast es zum Großteil selbst in der Hand, ob Du gewinnst oder verlierst. Mit meinen Spielregeln bin ich seit Jahren sehr zufrieden und kann sie Dir nur empfehlen. Egal, was gespielt wird:

- Spiele fair und nicht mit falschen Karten!
- Laß Dich auf kein zu großes Risiko ein!
- Freue Dich, wenn Du Glück hast, wenn nicht – sei ein guter Verlierer und nicht nachtragend!
- Ärgere Dich nicht, wenn mal etwas daneben geht!
- Verliere nicht gleich die Geduld, probier's mit Ausdauer!
- Laß andere mitspielen!
- Sei tolerant und bleibe auf dem Teppich!

Diese goldenen Grundregeln haben mich schon oft vor schweren Fehlern bewahrt und mir ein relativ sorgenfreies Auskommen mit meinen Mitmenschen garantiert. Ich bin in den letzten Jahren auch schon ein paar mal über Los gegangen und habe 4000 Schlagertaler kassiert. Ich will aber nicht verschweigen, daß ich schon einmal von der Polizei abgeführt wurde. Ein kleines Mißgeschick im beschwipsten Zustand kann ja mal passieren. (Da es sich um ein einmaliges Fehlverhalten handelte, wurde ich sofort wieder auf freien Fuß gesetzt!).

Das Ziel im Spiel »Schöner leben« ist es ja, sich möglichst viele seiner Träume zu erfüllen. Und zwar Deine Träume und nicht die von anderen oder rein materielle Dinge. Wer bist Du, wer möchtest Du gerne sein? Suche Dir eine Traumrolle aus, von der Du überzeugt bist, daß es die richtige für Dich ist.

*Petra Perle im Reich der Träume*

Du weißt ja bereits, wie es mir ging. Ich war Hausfrau und wollte gerne Schlagerstar werden. Ich habe mir einen Namen gesucht, der mir gefiel und wurde Petra Perle. Zunächst war Petra Perle nur eine Kunstfigur, der ich seit meiner Kindheit nach und nach Leben eingehaucht habe. Inzwischen ist mir diese Rolle in Fleisch und Blut übergegangen; heute bin ich Petra Perle. Mein Leben ist dadurch doppelt so aufregend geworden. Probier es einfach mal. Suche Dir eine Rolle, die Dir gefällt und stelle Dir vor, wie dann Dein Leben aussehen könnte. Wenn Du Dir in dieser Rolle gefällst, spiele sie. Dabei sollten wir uns an Kindern ein Beispiel nehmen, die nicht alles so ernst nehmen. Und auch der Managementberater Günter F. Gross rät:

*»Bewahren Sie sich möglichst ein Leben lang Ihre Albernheit, denn alle kreativen Menschen haben sich ihre Kindlichkeit bewahrt. Schützen Sie sich also unbedingt vor allzu großer Nüchternheit. Wer lacht, hat oft schon die schwierigste Situation gewonnen. Denken Sie daran – in dem Wort ›ausgelassen‹ steckt auch das Wort ›gelassen‹.«*

*(aus: Fröhliche Wissenschaft vom privaten Erfolg«)*

## Ein bißchen Spaß muß sein

Auch die Hausfrau 2000 hat sich ihren Spieltrieb erhalten. Sie macht nur, was ihr Spaß macht und ist folglich selten schlecht gelaunt. Dazu muß man natürlich wissen, was einem Spaß macht, denn Spaß ist die Motivation, um ein traumhaftes Leben zu führen.

Was? Du weißt eigentlich gar nicht, was Dir so richtig Spaß macht? Ich bitte Dich! Sei nicht so lasch! Wühle mal wieder in Deinen Kindheitserinnerungen, in alten Tagebüchern, Fotos und Notizen. Achte auf angenehme Erinnerungen, auf Bilder und Farben, die Dich inspirieren. Bringe sie in Dein Leben zurück. Schreibe sofort auf, was Dir gut gefällt. Am besten Du fängst gleich an: Was machst Du gerne?

Für persönliche Notizen

Meine Favoritenliste sah vor fünf Jahren so aus: Schlager singen, träumen und schlafen, Dildos testen, auf Parties gehen, Freunde treffen und plaudern, meinen Mann verführen, telefonieren, das Nachtleben unsicher machen, verrückte Geschichten erzählen, Flecken sammeln, in der Badewanne planschen und abtauchen, Bilder malen, auf Flohmärkten stöbern, staubsaugen, mit meiner Freundin auf Schnäppchenjagd gehen, diplomatisch vermitteln, Briefmarken entwerfen, fotografieren, Radio hören, in Büchern und Zeitschriften schmökern, Briefe schreiben, Interviews geben und ins Kino gehen.

Daran hat sich bis heute nichts geändert. Eigentlich verbringe ich fast jeden Tag mit diesen äußerst kurzweiligen Tätigkeiten.

Natürlich ist es am sinnvollsten, auch einen Job zu haben, der Spaß macht, weil man dann automatisch besser drauf ist. Deshalb ist es in allen beruflichen Fragen am wichtigsten zuerst zu überlegen, was einem Spaß macht, um dann eine entsprechende Ausbildung zu wählen.

Oft ergeben sich aus einer Lieblingsbeschäftigung oder einem Hobby immer wieder neue und völlig ungeahnte Perspektiven. Vielleicht gehörst du zu den

*Petra Perles großes Hobby – die Malerie*

Glücklichen, die wie aus der Pistole geschossen Antworten: »Schon seit meinem fünften Lebensjahr haben mich Pflanzen fasziniert!« Oder: »In jeder freien Minute habe ich vor dem Spiegel die wahnwitzigsten Kostüme ausprobiert, Stoffe, Vorhänge und Tischdecken um mich drapiert«, oder aber: »Alle Kartoffelrezepte der Welt gesammelt und meine Liebsten mit Kartoffelkreationen traktiert.«

Ich habe mir früher nie vorstellen können, daß ich mit meinem sogenannten Steckenpferd auch den Lebensunterhalt verdienen könnte und unsere Haushaltskasse bereichern würde. Da ich mich instinktiv auf das wesentliche konzentriert habe, also auf das, was mir tatsächlich viel Spaß macht, schaffte ich fast über Nacht den Sprung in die Schlagerwelt und verdiene damit heute meine Brötchen. Deshalb empfehle ich Dir liebe Freundin, überlege mit welchen Lieblingstätigkeiten und Hobbys Du Dich persönlich entfalten kannst und welche sich vielleicht zu einem Job ausbauen lassen.

## Beruf oder Berufung?

Trau Dich also und trau Dir was zu! Beruf kommt von Berufung! Hast Du eigentlich eine Ahnung, wieviel Menschen ihr Hobby zum Beruf gemacht haben und dabei nicht nur glücklich, sondern sogar noch reich, erfolgreich und berühmt wurden? Hier solltest Du Dir, liebe Freundin, ausnahmsweise einmal die Männer zum Vorbild nehmen.

Erfolgreiche und berühmte Männer haben alle eines gemeinsam – sie haben nie aufgehört zu spielen, der kleine Junge zu bleiben, der mit dem, was ihm am meisten Spaß macht, auch noch Geld verdient. Ob Sportler, Künstler, Entertainer, Forscher, Wissenschaftler, Modemacher, Gastronom oder Koch – viele haben ganz nebenbei sogar noch einen völlig neuen Beruf erfunden. Die meisten Männer weigern sich beharrlich erwachsen zu werden – und delegieren die unangenehmen Dinge des Lebens an wen? An uns Frauen! Nicht umsonst heißt es: ***»Hinter jedem erfolgreichen Mann steht eine tüchtige Frau.«***

Warum? Weil Männer von ihren Träumen nicht ablassen und genau wissen – da sind sie unschlagbar. Auch eine Hausfrau 2000 gibt sich nicht einfach nur mit der Rolle der Schattenkünstlerin zufrieden.

Mit ein bißchen mehr Selbstbewußtsein ist jedes Ziel für alle von uns erreichbar, meine liebe Freundin. Ich denke da an Frauen, die etwas aus sich gemacht haben, wie jene Sekretärin, die 1920 das Tipp-Ex erfunden hat, oder an Coco Chanel, deren geniale Modeideen immer wieder aufs neue und modernste reproduziert werden. Die Politikerin Renate Schmidt hat ebenso Stehvermögen bewiesen wie die Top-Friseuse Marlies Möller und die Designerin Jil Sander, die anfangs nur Mode für sich selbst und ihre Freundinnen entworfen hat. Die kleinwüchsige Josephine Tibacks wollte immer Papst werden und schrieb sich mit dem Theaterstück »Die kleine Päpstin« selbst die Rolle ihres Lebens. Beate Uhse hat während der Sexrevolution der 60er Jahre auch für Frauen das Thema von jeglicher Peinlichkeit befreit. Diane Brill wurde zur New Yorks Partykönigin und hat das wunderbare Leitwerk »Dressed To Kill – Wie man einen Mann anmacht und auch wieder los wird« verfaßt. Und Claudia Gehrke hat mit ihrem Konkursbuch-Verlag ein Forum für erotische Frauen-Literatur geschaffen.

*»Ich mache mein Leben zu meiner Lieblingsbeschäftigung!«* *Lotti Huber*

Der Herrgott hat einen großen Tiergarten und es gibt nichts, was es nicht gibt. Showsendungen und Talks-Shows leben von diesem bunten Zoo herumreisender Paradiesvögel. Schau Dir einfach ein paar Sendungen von »Wat is?« mit Showmaster Jürgen von der Lippe an. Womöglich fällt es Dir dann wie Schuppen aus den Haaren, wie man seine Hobbies zum Beruf machen, sich aus den Zwängen genormter Bildungsberufe und einem eingleisigen, langweiligen Hausfrauenalltag befreien und dabei auch noch jede Menge Spaß haben kann: Eine bislang erfolglose Sängerin wird zur Klofrau, die für ihre Kundschaft Operettenmelodien trällert, eine ehemals Arbeitslose unterrichtet heute verklemmte Liebespärchen in der partnerschaftlichen Kunst der Erotik, ein Nullachtfünfzehn-Astrologe hatte die geniale Idee des Gummibärchen-Orakels, in einer Schule für Clowns werden aus frustrierten Sekretärinnen Entertainerinnen, die kranken Kindern helfen ... es gibt keine Grenzen!

Logisch, daß man dabei gewisse Realitäten nicht außer acht lassen darf. Bleib auch hier auf dem Teppich. Für einen Morgenmuffel ist es wenig ratsam, in einem Büro zu arbeiten oder an die Börse zu gehen. Auch Zuckerbäckerinnen müssen schon um 4.00 am Ofen stehen. Und Frühaufsteherinnen werden das Nachtleben vermutlich nur im Dämmerschlaf mit halbgeschlossenen Augen überstehen. Inzwischen ist es übrigens wissenschaftlich erwiesen, daß wir einen genetisch bedingten, angeborenen Biorhythmus haben, der sich ein Leben lang nicht umerziehen läßt. Nimm bitte auch auf Deinen Biorhythmus Rücksicht, dem Rhythmus, bei dem jeder mit muß.

Es macht auch wenig Sinn, wenn man, sagen wir mal, 90 Kilo auf die Waage bringt, über dreißig ist und Model bei Joop werden möchte oder Olympiasiegerin im Eiskunsttanz. Trotzdem ist es aber auch kein Grund aufzugeben und weiterzumachen wie bisher. Es gibt Agenturen, die ungewöhnliche Models für Fotoaufnahmen und Werbespots suchen, was wahrscheinlich sowieso mehr Spaß macht (Adressen kannst Du über die Künstlerdienste der Arbeitsämter erfragen). Und wer unbedingt auf dem Eis Pirouetten drehen will, könnte ein Showprogramm nach seinem Geschmack entwerfen, eine Eisrevue organisieren oder als Eiskunstlauf-Clown auftreten.

Falls Du also einen Job hast, der Dir absolut keinen Spaß macht, überlege Dir sofort, was Du lieber machen würdest. Bevor Du allerdings überstürzt kündigst, mache Dir Gedanken und einen Plan, wie Du an Deinen Traumjob rankommst. Dazu mußt Du etwas Geduld mitbringen, denn sicher geht das nicht von heute auf morgen. Wenn Du kein passendes Jobangebot findest, solltest Du überlegen, ob es nicht besser wäre sich selbständig zu machen. Das ist heute, wo jeder Job und jede Branche gefährdet ist, eh am sichersten. Vielleicht bist Du dann nicht rund um die Uhr beschäftigt, dafür auch nie arbeitslos.

Selbständigkeit ist das A und O einer Hausfrau 2000. Unabhängigkeit vom Haushalt, den Eltern, von Deinem Mann und Deinem Chef. Sobald Du einmal auf eigenen Füßen stehst, gewinnst Du extrem an Selbstsicherheit. Falls es Dir nicht gefällt, kannst Du dich immer noch ein Leben lang von einem Mann verwöhnen lassen. Mir wäre das zwar zu langweilig, aber die Geschmäcker sind ja bekanntlich verschieden. Und das ist auch gut so.

Hast Du den ersten Schritt getan und weißt, was Du willst, dann mache einen Plan. Was kannst Du bis jetzt, was mußt Du noch lernen, wen kennst Du, der Dir dabei helfen kann? Was brauchst Du an Material, Ausrüstung, Ausbildung? Jede Individualistin braucht eine Lobby, eine eingeschworene Seilschaft – nur gemeinsam ist man stark. Such Dir also Beistand bei Freundinnen, Fans und Finanzpartnern. Laß Dich aufbauen! Was Dir Spaß macht, kann auch anderen Spaß machen.

Natürlich mußt Du Dich nicht sklavisch an Deinem Plan festklammern. Ist es der falsche, dann mach einfach einen neuen. Schon der ehemalige deutsche Bundespräsident Heinrich Lübke meinte: You are on the woodway! (»Du bist einfach auf dem Holzweg«). Und auch der Management-berater Günter F. Gross kam zu der Erkenntnis: »Besser, Sie machen die richtige Arbeit gut, als die falsche Arbeit perfekt.«

Vorsicht jedoch bei den Anforderungen, die Du an Dich selbst stellst. Wir machen uns oft das Leben schwer, weil wir uns selbst zu hohe Maßstäbe setzen und uns damit übernehmen. Oft machen Eltern diesen Fehler bereits bei ihren Kindern und zwingen sie zu Dingen, die sie gar nicht wollen oder können. Kinder sollten möglichst früh selbst entscheiden können, was sie gerne machen und dann entsprechend gefördert werden. Wenn ein Kind in einem Fach gute Leistungen bringt, dann ist es positiv motiviert, was sich auch auf andere Gebiete fördernd auswirkt. So ist das

auch bei uns Hausfrauen. Setze Dir also nicht gleich das ganz große, unerreichbare Ziel, sondern baue auf kleine, machbare Etappen und Erfolge auf. Lieber bist Du eine Stufe tiefer auf der Erfolgsleiter, aber dafür glücklich. Hüte Dich vor der Perfektionsfalle; sie frustriert und macht unglücklich. Außerdem ist Perfektionismus, egal in welchem Bereich, langweilig. Wenn etwas schief geht, geht es eben schief. Neue Chance, neues Glück – noch ein Spiel!

## Du bist nicht allein – Dein zweites »Ich«

Bestimmt hast Du schon erlebt, daß Du instinktiv gewußt hast, daß eine Sache schief geht oder nichts für Dich ist. Trotzdem hast Du Dich dazu überwunden oder gezwungen, aus Pflichtgefühl, falschverstandener Höflichkeit, Rücksichtnahme oder weil Du nicht »Nein« sagen kannst. Und dann hast Du die Geschichte ausbaden müssen und warst sauer auf Dich, weil Du es eigentlich vorher schon gewußt hast! Du hast nicht auf Dein zweites »Ich« gehört.

Mach auch Deinem zweiten Ich klar, daß alles, was Dir Freude und Vergnügen bereitet, Priorität hat. Ich empfehle Dir, meine Freundin, teste Dein zweites Ich gründlich, bevor Du seine Ratschläge befolgst. Ich kenne tragische Fälle von Mißbrauch! Stell Dir vor, Du möchtest wissen, ob Du jetzt kochen oder den Pizzaservice anrufen sollst. Sagt Dir Dein zweites Ich, Du sollst kochen, dann mußt Du vorsichtig sein.

Kochen ist dann entweder eine Leidenschaft von Dir oder Du hast ein übereifriges zweites Ich, das noch einiger Erziehung bedarf.

Wir alle führen in Gedanken fast ununterbrochen Selbstgespräche. Dabei lernst Du Dein wahres zweites Ich am besten kennen. Der wichtigste Anhaltspunkt dabei ist Dein Gefühl. Gibt Dir ein Gedanke, eine Idee, eine Entscheidung ganz spontan ein gutes Gefühl oder ein schlechtes? Darauf solltest Du hören!

Dein zweites Ich kann Dir wertvolle Hinweise geben, wenn es um Entscheidungen und um wichtige Lösungen von Problemen geht. Aber wie kann man sein persönliches Denkspiel, seine Ansichten und Einstellungen, sein »inneres Selbst«, sein zweites Ich beeinflussen, briefen und umpolen? Wie Du weißt, meine liebste Freundin, lese ich ja eifrig »Psychologie Heute«, betätige mich als Hobbypsychologin und erforsche mein eigenes Ich. Dabei bin ich auf zwei Methoden gestoßen, die man ohne Geld und großen Aufwand überall und jederzeit anwenden kann – Visualisierungen und Affirmationen.

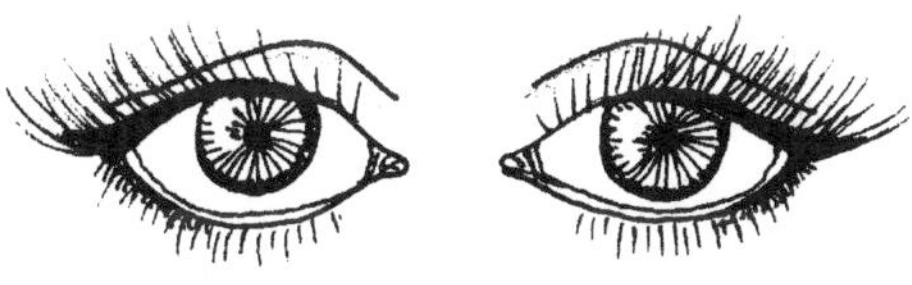

Beim Visualisieren stellt man sich bildlich die optimale Situation vor, die man sich wünscht. Man schließt die Augen und stellt sich vor, was man gerne möchte – und zwar mit allen Konsequenzen und Details. Dann versetzt man sich in mögliche Alternativsituationen. Welche gefällt Dir am besten? Entscheide Dich für die, die Dir am meisten entspricht. Wahrscheinlich kommen Dir dabei immer wieder alte, angelernte Verhaltensmuster und Denkweisen in die Quere, die Dir – rein vernunftsmäßig – zu diesem oder jenem raten. Das sind Deine Kontrollstimmen, oftmals Autoritäten aus Deiner Vergangenheit (Eltern, Lehrer, Chefs, Politiker), die Du ausschalten mußt. Schreib Dir dazu ein paar Affirmationen auf, um diese Ansichten zu korrigieren. Affirmationen sind Bestätigungen von Zielen, die man erreichen will und Handlungsweisen, die man korrigieren möchte. Mit Affirmationen kann man sich im Kopf Schritt für Schritt eine neue Realität, eine neue Wirklichkeit erschaffen.

Ein Beispiel: Eigentlich hast Du keine Lust zu kochen, aber Du glaubst aufgrund Deiner Erziehung, daß Du als Hausfrau kochen mußt. Dann schreibe Dir die folgende Affirmation auf und wiederhole sie möglichst oft: »Ich koche nicht und werde dennoch geliebt, denn ich bin die Hausfrau 2000.« Du kannst sie aufschreiben oder innerlich immer wieder vor Dich hinbeten, bis Du entweder ohne schlechtes Gewissen einen Pizzaservice anrufen kannst oder – überraschenderweise – eine unglaubliche Lust am Kochen entdeckst. Es lohnt sich, mit seinem zweiten Ich zu streiten, es zu trainieren und im richtigen Moment auch zu loben. Hochleistungssportler und Künstler nennen diese Methode auch mentales Training. Vor einem Wettkampf gehen sie das bevorstehende Ereignis mit allen wichtigen Details im Kopf durch. Super G-Fahrer lassen vor ihrem inneren Auge die ganze Strecke mit allen Schwierigkeitsgraden Revue passieren, Eisläufer gehen das Pflicht- und Kürprogramm in allen Einzelheiten tausendmal im Kopf durch, Bühnenschauspieler jede Geste, Showstars jeden Gag, Stardirigenten jeden Einsatz, bis sie ihr Programm im Schlaf absolvieren können und auf jeden Zwischenfall vorbereitet sind.

Was sich im kleinen üben läßt, kann man später bei entsprechender Übung auch für große und wichtige Ziele einsetzen – für eine geplante Diät, ein Fitneßprogramm, die neue Berufswahl oder zur Entwicklung der eigenen Persönlichkeit. Wichtig ist, daß man zu seiner Entscheidung steht, alle Befürchtungen dem Unterbewußtsein, seinem geschulten zweiten Ich überläßt und dann aktiv wird.

Also: ***Höre auf Deine innere Stimme*** und Deinen Körper, verdränge keine Signale, die auf mögliche Symptome hinweisen. Wenn es im Kopf raucht oder im Magen grummelt und Deine Warnlampe blinkt, dann schieb das nicht mit rationalen Überlegungen und Argumenten weg!

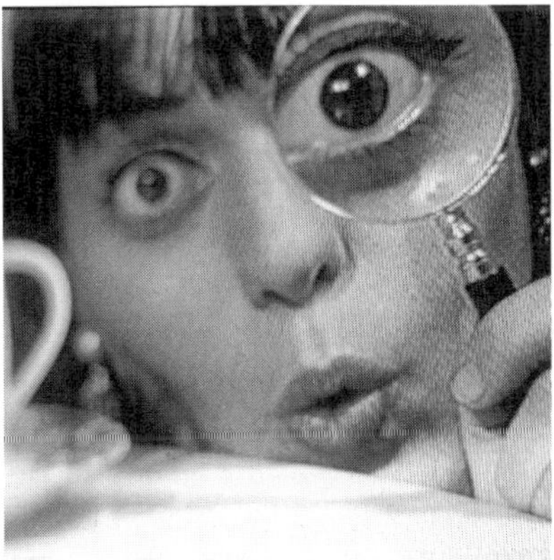

*Wenn Dich etwas irritiert, gehe der Suche auf den Grund*

## Mensch Ärgere Dich nicht

Manchmal geht ja etwas schief oder es läuft nicht so, wie man es sich eigentlich vorgestellt hat. John-Roger und Peter McWilliams sehen das so:

1. Die Menschen tun nicht das, was wir wollen.
2. Wenn sie das tun, was wir wollen, tun sie es nicht so, wie wir es wollen.
3. Wenn sie das tun, was wir und wie wir es wollen, dann tun sie es nicht in dem Moment, in dem wir es wollen.

Es macht also keinen Sinn sich groß zu ärgern – man kann es nicht mehr rückgängig machen. Was passiert ist, ist passiert und das Leben geht weiter. Die peinlichsten Dinge werden immer lustiger, je länger sie her sind. Oder: Was später komisch ist, ist auch jetzt schon komisch. Halte doch einfach kurz inne, liebe Freundin, bevor Du explodierst und überlege mal. Ist das nicht eine komische Anekdote, die Du auf der nächsten Party zum besten geben kannst? Ich habe mich zum Beispiel einmal aus meiner Wohnung ausgesperrt und jemanden organisiert, der mit seinem Werkzeug die Türe aufgebrochen hat. Leider mußte ich dann peinlicherweise feststellen, daß ich mich im Stockwerk geirrt habe und in die Wohnung eines Nachbarn eingebrochen bin. Seitdem habe ich eine individuell gestaltete Tür mit einer Rosengirlande, die mir auch noch in dunkelster Nacht den Weg weist.

Sobald Du solch eine Episode zum besten gibst, werden garantiert auch andere über ähnliche Mißgeschicke berichten. Also – sammle diese »Anekdoten« als Gesprächsstoff und übe Dich in Gelassenheit.

Die häufigsten Fälle, die im Haushalt zu übertriebenem Ärger führen, sind übrigens Scherben. Geht etwas zu Bruch, dann schau Dir in Ruhe die Bescherung an wie ein Bild, bevor Du einen Wutanfall bekommst oder in Tränen ausbrichst. Fotografiere oder male es, nenne es Dein »Kunstwerk des Tages«. Oder werfe gleich noch etwas dazu, einen Staubfänger, den Du schon seit langem loswerden willst, häßliche Vasen und Aschenbecher, blöde Geschenke und angeschlagenes Geschirr. Mach einen Polterabend daraus! Du kannst auch Deine Liebsten daran teilhaben lassen. Ich bin mir sicher, ihr werdet auf eure Kosten kommen. Gut gegen Wut ist es auch, zum Flaschencontainer zu gehen. Sammle Deine leeren Flaschen bis zu dem Moment, wo Du am liebsten aus der Haut fahren würdest.

Dann packst Du das Altglas und wirfst sie mit Schmackes in den Container, daß es nur so kracht. Wetten, daß Du Dich befreit fühlst?

*»Engel können fliegen, weil sie alles leichtnehmen.«*

*G. K. Chesterton*

Auch wenn das keine einfache Sache ist – übe Dich in der Leichtigkeit des Seins. Gib Schwermut und schlechter Laune keine Chance, werde nicht zum Opfer der Umstände, sondern werde kreativ.

*Ärgern beginnt mit Ä wie Ändern*

Ändere Dich und nicht andere. Günter F. Gross zitiert dazu den Fall eines erfolgreichen Arztes, der an der Haartracht und dem generellen Desinteresse seiner Söhne schier verzweifelte. Alle Appelle waren vergebens. Bis er sich selbst die Haare wachsen ließ und mit Zopf und Ohrring in seine Praxis ging. Plötzlich hatten die Jungs Angst um ihr Erbe und waren wie verwandelt. Fazit: Geh mit schlechten Beispiel voran – ist einer unpünktlich, sei noch unpünktlicher. Ist jemand schlampig, sei noch schlampiger. Ist jemand unzuverlässig, erscheine gleich gar nicht mehr.

Manchmal sitzen Unmut, schlechte Laune oder eine Depression natürlich wesentlich tiefer. Oft hilft dann Ursachenforschung, zu der man sich unbedingt genügend Zeit nehmen sollte. Ich habe gute Erfahrungen mit Aufzeichnungen aller Art gemacht. Ich schreibe mir den Ärger einfach von der Seele, diktiere ihn auf Tonband oder mache eine Zeich-

*Petra Perle im Land des Lächelns*

nung dazu. Ganz wichtig dabei – keine Gedankenzensur! Alles muß raus – die Wut auf wen und was und warum! Wenn man es hingeschrieben, ausgesprochen oder aufgezeichnet hat, stellt man oft verblüfft fest, daß der Grund für die anhaltende Wut ganz woanders liegt als vermutet. Vielleicht bist Du einfach übermüdet, überarbeitet, überfordert, über-sonstirgendwas. Du hast es einfach über! Bei sinnlosen Streitigkeiten mit Mann, Kindern oder sonstig geliebten Menschen hilft bisweilen allein schon die simple Frage: »Will ich Recht haben oder Spaß haben?« Na, was wohl? Und übrigens: Wußtest Du, liebe Freundin, eigentlich, daß man für ein ernstes Gesicht 65 (!) Muskeln einsetzen muß, zum Lächeln aber nur 10 Muskeln?

Das beste Mittel gegen schlechte Laune ist Abwechslung statt Routine. Also nichts wie raus aus dem alten Trott! Ich nenne das vorbeugendes Stimmungsmanagement. Wenn ich trotzdem in ein Tief aus der Biskaya falle, warte ich nicht lange auf das Azoren-Hoch, sondern greife zu meiner Ideensammlung »Depri-Ex«. Darin finde ich alles, was sich bei Depressionen als hundertprozentiges Hausmittel erwiesen hat:

- Statt zu putzen, putze ich mich selbst heraus und probiere meinen Kleiderschrank durch. Dabei kann man auch gleichzeitig ausmisten – was überbleibt, ab zur Kleidersammlung oder ins Obdachlosenheim.
- Lieblingsplatten laut hören, noch lauter singen und in duftenden Schaumbädern untertauchen.
- In meinen Lieblingstee leckere Kekse dippen.
- Spazierengehen und Fahrradfahren.
- Zum Friseur oder zur Kosmetikerin gehen.
- Filme auf Video ansehen, die mich garantiert zum Lachen bringen, wie »Laß mich deinen Schmetterling küssen« von und mit Peter Sellers oder »Mon Oncel« von Jacques Tati.
- Mich ins Eiscafe setzen.
- Mir zwischendrin einen gesundheitsfördernden Schönheitsschlaf gönnen.

Die Wissenschaftler sind übrigens fast zum gleichen Ergebnis gelangt. Gute Laune-Macher sind ihrer Meinung nach: Lieblingsmusik, frische Luft, Eßlust (Süßigkeiten, Bananen, Milch, Nüsse und Ananas enthalten das Glückshormon Serotonin!), Einkaufsbummel, Aufräumen, Tea-Time, Urlaubsträume, Telefonieren, Wohlfühlen (Duftbad, sich schminken und schick anziehen).

Und noch was: Chronisch mißmutige und aggressive Menschen werden leichter herzkrank – schlechte Laune ist demnach sogar lebensgefährlich! Ich kann Dir nur empfehlen, rege Dich nicht unnötig auf. ***Es gibt immer einen Grund, sich zu freuen.*** Man muß nur danach suchen. Für den Optimisten ist das Glas halbvoll, für den Pessimisten bereits halbleer. Und das gilt für alles im Leben.

Wer glaubt, auch sein Glas sei bereits halbleer, sollte sich eine Liste seiner Besitztümer machen. Schau mal in Deiner Hausratsversicherung nach, dann weißt Du, wie hoch Deine Werte sind. Du wirst aus dem Staunen nicht mehr herauskommen. Vielleicht fällt Dir dabei auf, daß Du eigentlich auf vieles verzichten und dennoch komfortabel leben könntest. Millionen von Menschen müssen mit Naturkatastrophen, Hungersnöten, Kriegen, Arbeitslosigkeit, Krankheit und Einsamkeit zurechtkommen. Sei dankbar und mache Dir bewußt, was Du alles als selbstverständlich nimmst: Frieden, Hygiene, elektrischen Strom, Zentralheizung, fließendes Wasser, ein sicheres Dach über dem Kopf, eine Möglichkeit zum Kochen, eine große Auswahl an Lebensmitteln, Tiefkühlung, Transportmöglichkeiten, medizinische Versorgung, »freie« Unterhaltung durch Radio, Fernsehen und Bibliotheken, ein Bett, Blumen, Kleidung, Freunde, Familie, Dich und Deine Liebsten, Talente, Wünsche, Träume und Chancen. Du kannst Dich bewegen, hören, sehen, sprechen, schmecken, fühlen und denken. Lerne diese Dinge im Leben zu schätzen. Sie gehen leider in unserer auf Superlative getrimmten Giga-Mega-Konsumgesellschaft immer mehr verloren. Die Hausfrau 2000 schätzt die alltäglichen Werte, und genießt, was sie bereits hat – und zwar jetzt, in diesem Moment.

## Nimm Dir Zeit und nicht das Leben

Wenn Du viel Zeit hast, meine Liebe, bist Du heutzutage sehr vermögend, denn Zeit ist Geld. Denn wer hat das schon noch – Zeit für sich! Nimm Dir diesen Luxus! Zeit für die schönen Dinge des Lebens. Verwöhne Dich. Mache es Dir einmal am Tag richtig gemütlich. Schlafe so viel und solange Du kannst, frühstücke im Bett, telefoniere mit Deiner Freundin, blättere eine Zeitung durch, lege Dich in die Badewanne, hör Deine Lieblingsplatte oder träume einfach nur vor Dich hin. Entspanne Dich, und sei es nur für eine halbe Stunde.

Tiere und Pflanzen sind uns, wenn es um ein entspanntes und gemütliches Leben geht, weit überlegen. Katzen sind Weltmeister im Räkeln und Genießen, und jeder Hund kann gut faulenzen und alle Viere von sich strecken. Auch an den sich langsam wiegenden Blumen und Blüten kann sich manch eine Perle ein Beispiel nehmen.

Am besten, Du probierst es so schnell wie möglich aus. Nimm Dir einen ganzen Tag Zeit für Dich. Du wirst sehen – der Tag ist wesentlich länger als ein hektischer Bürotag. Die Zeit vergeht langsamer, wenn wir alleine sind. Geh also ganz bewußt erst einmal alles ganz langsam an. Viele von uns haben das inzwischen völlig verlernt, können das anfangs gar nicht. Aber bald wirst auch Du merken, daß Du davon profitierst. Ich liebe die Stunden, die ich manchmal ganz für mich alleine habe!

Da habe ich leicht reden meinst Du? Du hast kaum Zeit für Dich – die Kinder, der Hund, Dein Mann, die Wäsche, das Einkaufen... ich weiß, ich weiß. Aber Du mußt ja nicht alles selbst machen! Wenn Du alles selbst machst, bist Du selber schuld.

Das bißchen Haushalt... Wer kocht? Wer macht die Wäsche? Wer kümmert sich um die Kinder? Wer hört sich die Probleme der anderen an, fragte »Psychologie Heute« in einem Artikel. Demnach haben Untersuchungen gezeigt, daß Hausfrauen, die im Haushalt alles alleine machen, häufiger an Depressionen leiden als Hausfrauen, die von ihrem Mann unterstützt werden. Die ungleiche Aufgabenverteilung hat schwerwiegende psychische Folgen! Für die psychische Verfassung ist enorm entscheidend, ob alle Arbeitsbereiche im Haushalt unter den Mitbewohnern gleich verteilt werden. Depressionen und Scheidungen sind unausweichliche Folgen einer bodenlos ungerechten Arbeitsbelastung. Mein Motto ist deshalb:

*»Teile Deine Aufgaben und*
*Verpflichtungen mit anderen.«*

Zuhause wie auch außerhalb. Es ist unglaublich – Arbeit ist fast unendlich teilbar. Deshalb meine Liebe, spanne Deine Dich umgebenden Liebenden ein – bei der Hausarbeit und auch im Job. Zugegeben, es bedarf etwas Übung und Gelassenheit, bis sich der Urinstinkt der Hausfrau beruhigt, immer und überall zur Stelle zu sein. Gehe in dieser Zeit so oft wie möglich in die Badewanne, denn dort bist Du vor übereifrigem Arbeiten am besten geschützt.

Das Prinzip »zusammen geht alles leichter« läßt sich auf das ganze Leben übertragen. Wenn einem alleine etwas nicht gelingen will oder über den Kopf wächst, sollte man

Freunde um Hilfe bitten. Teile Arbeit und Geld und auch den Spaß dabei, so oft es geht. Ergebnis: doppelter Spaß und halb so viel Ärger und Angst. Dazwischen bleibt immer noch genügend Zeit für Projekte und Aufgaben, die man alleine machen will oder muß.

Achtung! Warnung! Bei Teamwork sollte man von Anfang an unbedingt immer für klare Verhältnisse sorgen – sowohl finanziell als auch privat! Erst einmal muß man aber Gleichgesinnte finden, die auf derselben Wellenlänge liegen. Dabei sollte man sich im wesentlichen auf seine weibliche Intuition und sein zweites Ich verlassen. Das gilt auch für alle wichtigen berufliche Entscheidungen und Deinen Traumjob. Ein Beispiel:

Du möchtest ein Buch veröffentlichen und mußt Dich zwischen drei Angeboten entscheiden. Beim ersten Verlag arbeitet ein guter Freund von Dir, der aber nicht sonderlich zuverlässig ist. Beim zweiten ein entfernt befreundeter Kollege, der auf der verzweifelten Suche nach Ideen Deine zu seiner macht. Beim dritten, der Dir aufs wärmste empfohlen wurde, kennst Du niemanden. Alle Angebote haben Vor- und Nachteile, aber der dritte Verlag erscheint Dir am erfahrensten, professionellsten, finanzkräftigsten und engagiertesten. Frauen neigen trotzdem oft dazu, sich für die alten Freunde und damit oft für das ungünstigste Angebot – und gegen den großen Erfolg! – zu entscheiden. Die Regisseurin und Buchautorin Julia Cameron veranstaltet zu diesen und ähnlichen Themen Kreativ-Workshops und ist überzeugt, daß vor allem Frauen unbewußt ihre Chancen und damit ihren Erfolg boykottieren, weil sie glauben, den Erfolg nicht verdient zu haben und sich unterschätzen.

Ganz wichtig: Wenn es um ein Traumprojekt von Dir, um viel Zeit oder Geld geht, unbedingt um mindestens eine Woche

Bedenkzeit bitten. Das ist branchenüblich. In dieser Zeit sollte man sich beraten lassen. Wenn es sein muß, zum Anwalt gehen und Verträge machen. Habe keine Angst, Leute zu fragen, die sich auskennen. Wenn Deine Gefühle gegen Deine Entscheidung rebellieren und Deinem zweiten Ich Bedenken kommen (auch wenn Du bereits zugesagt, aber noch keinen Vertrag unterschrieben hast!), scheue nicht davor zurück, Deine Entscheidung zu revidieren. Laß Dich nicht durch »scheinbar« logische Argumente irritieren oder einschüchtern. ***Die Hausfrau 2000 nimmt sich für alles etwas mehr Zeit und geht auf Nummer sicher.***

## Immer seriös

Mit dieser Überschrift, meine liebe Freundin, meine ich nicht Knigge und Knicks, sondern soziales Verhalten und den gesunden Menschenverstand im Umgang mit sich, anderen Menschen und der Umwelt. Willst Du etwas von jemandem, dann bitte freundlich und liebenswürdig darum. Gewinne sie/ihn für Dich und Deine Sache. Krieg führen wir Perlen nicht. Wir sind charmant und denken, denn Denken ist Luxus und eine eigene Meinung auch. Aber dieser Luxus kostet nichts außer Selbstbewußtsein und innerliches Stehvermögen – und mit beidem beweist die Hausfrau 2000 Persönlichkeit.

Ich finde es zum Beispiel absolut unhöflich, Versprechen ohne weitere Erklärung nicht einzuhalten oder wichtige Informationen zu verschweigen und andere in ihr Unglück laufen zu lassen, um hinterher auch noch altklug zu behaupten: »Das hätte ich Dir gleich sagen können, daß der oder die nicht zuverlässig ist!« Es fällt Dir keine Perle aus der Krone, wenn Du im richtigen Moment Deinen Mund aufmachst!

**Die linke Gehirnhälfte einer Hausfrau 2000**

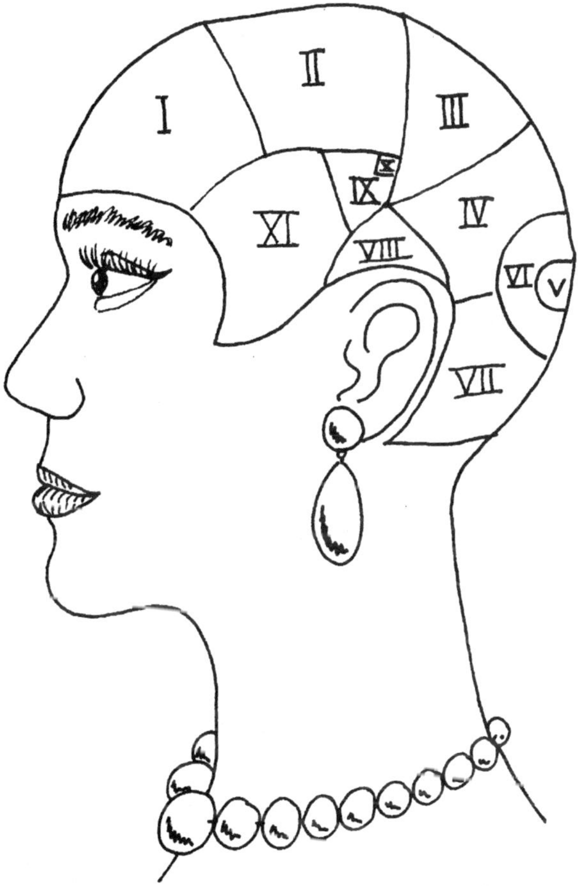


I Logisches Denken
II Tatkraft
III Humor
IV Selbstvertrauen
V Machtsucht
VI Angst vor Schmutz
VII Sinn für das Schöne
VIII Unabhängigkeitsbestreben
IX Esoterisches Verständnis
X Fußballmanie
XI Menschlichkeit

Arrogantes Verhalten ist weder herzlich noch höflich, sondern einfach unseriös. Es ist nicht professionell, mit wurschtiger Muffigkeit und egoistischer Coolness durchs Leben zu preschen. Tu niemals anderen das an, was Du nicht möchtest, daß es Dir einer antut, meine liebe Freundin! Der EQ, also der emotionale Quotient – oder Gefühlsquotient – eines Menschen ist mindestens so wichtig wie sein IQ, sein Intelligenzquotient, wenn nicht gar wichtiger. Perlen handeln intelligent und menschlich zugleich.

Folglich sind sie auch weit entfernt vom Medien- und Werbeimage der Girlies und Riot Girls. Wenn sich Frau wie eine billige Taiwan-Imitation vom Marlboro-Macho-Mann gibt, hat das nichts mit Emanzipation zu tun. Wir Pörlies müssen nicht rücksichtslos, egoistisch und zynisch den Mini-Rambo raushängen. Wir setzen uns mit Charme und Witz durch. Bleib also Frau, hilfsbereit, human und umsichtig. Ich kann Dir nur raten, liebe Freundin, geh unerfreulichen Situationen und Menschen lieber aus dem Weg. Den Gruppendruck in unserer Gesellschaft und andere Dummheiten überlassen wir denen, für die das Wort Gentlemen längst zum Fremdwort geworden ist. Merke Dir:

*Lieber ein Pörlie,*
*als ein Görlie!*

Eine Hausfrau 2000 weiß sich in der Öffentlichkeit zu benehmen und immer die Seriosität zu bewahren. Sie ist nie erstaunt, notfalls greift sie während eines Gesprächs schamlos zu charmant-ungläubigen Floskeln wie »Ist nicht wahr!«

Small Talk ist nicht verboten. Oft ergibt sich daraus sogar ein sehr lustiges Gespräch. Wobei man möglichst das Claudia Schiffer-Syndrom, also Genuschel wie »Ähhh, weiß nicht, irgendwie« vermeiden und alberne, nichtssagende und unsinnige Füll- und Modewörter wie »tittengeil« und »voll mega« oder schmutzige Wörter und Prol'-Ausdrücke durch schwungvolle Ausrufe wie »ui!«, »hui!« oder »schick!« ersetzen sollte.

*Die Hausfrau 2000 rückt auch der verbalen Umweltverschmutzung zu Leibe!*

Wer nicht auf den Mund gefallen ist und sich mit Vergnügen in eine Diskussionsrunde stürzt, sollte sich dabei eines zu Herzen nehmen: Das A und O jeder Streitkultur ist es, die Sache als solche zu kritisieren und seinen Standpunkt zu vertreten. Wer auf seine Gesprächspartner wild polemisierend losgeht, praktiziert nur persönliche Vernichtung und zieht womöglich den kürzeren. Also lieber ignorieren, statt frustrieren.

Die Hausfrau 2000 hat also auf alles eine Antwort oder eine Frage. Aber denk daran, Du bist eine Perle! Du glänzt auch ohne Worte (wenn Du willst): Fällt Dir nichts ein, dann halte lieber die Klappe und mache auf geheimnisvoll. Das solltest Du unbedingt auch bei der Frage nach Deinem Alter beachten. Ich persönlich, liebe Freundin, gehe generell Gesprächen über das Alter aus dem Weg. Das ist Glatteis, auf dem sich nur Virtuosen bewegen. Ich will von anderen ihr

Alter nicht wissen, und wenn sie nach meinem fragen, gibt es verschiedene Antworten: »Wer nicht älter werden will, muß jung sterben.« Oder: »Man ist so alt, wie man sich fühlt.« – auch so ein geflügeltes Wort. Die Schauspielerin und Sängerin Meret Becker hat beschlossen, nie älter als 27 zu werden, die Viva-Moderatorin Van der Maiglöckchen zählt seit ihrem 19. Lebensjahr das Alphabet durch: 19 A, 19 B, 19 C... Ein großer Schriftsteller meinte, er sei erst mit zwanzig ein wirklich ausgewachsener Mensch gewesen und würde folglich ab da mit seinen Jahren zu zählen beginnen. Und Perlen werden wie guter Wein bekanntlich mit zunehmendem Alter kostbarer. Wenn das kein Trost ist!

## Auch Du bist eine Perle

Stell Dir vor, Du wärst aus Marzipan und mit Schokolade oder aus Silber und mit Perlmutt überzogen. Oder gar in Gold gegossen. Was würdest Du an Dir sofort am liebsten anbeißen oder blitzblank schimmernd putzen? Das sind Deine Schokoladenseiten. Diese verborgenen Tugenden und Talente mußt Du, meine liebe Freundin, ans Tageslicht bringen! Mach das Beste aus Dir und Deinem Typ. Denn Du bist einzigartig und einmalig. Du bist ein Unikat!

Ein Abziehbild darfst Du auf jeden Fall nicht sein. Anregungen aus Frauenzeitschriften, Fotos, Filmen, Gemälden, Werbung oder Videos sind nett als Inspiration, aber sie dürfen niemals als Diktat dienen. Die Individualistin entdeckt eher eine Epoche – ob Rokoko oder die 70er Jahre – die Deinem Lebensgefühl entspricht. Es gibt so viele Flohmärkte, Tauschbörsen und Talmiläden, in denen man sich beinah alles beschaffen kann. Sammle Klamotten in Deiner Lieblingsfarbe und richte Dir passend dazu ein Zimmer ein. Egal wie – wichtig ist:

*Bringe Abwechslung in Deine Küche,*
*Deine Wohnung,*
*in Deinen Kleiderschrank,*
*in Dein Leben.*

Warum laufen so viele Menschen in Schwarz, in Grau- oder Brauntönen herum? Weil sie auch in Schwarz, Grau- oder Brauntönen denken. Bekenne Dich zu Deiner Lieblingsfarbe! Bist Du unsicher, welche Farben Dir stehen und wie Du Dich stylen sollst, dann geh zur Farbberatung oder besuche einen Visagisten. Das ist eine einmalige Investition, die sich in jedem Fall lohnt. Meine Lieblingsfarbe ist rosa, und seit Jahren trage ich konsequent nur noch Rosatöne. Am Anfang habe ich mich noch etwas unwohl gefühlt, weil mich viele angeglotzt haben. Gleichzeitig haben mich immer wieder Leute auf der Straße angesprochen und gesagt, wie toll sie es finden, endlich einen Farbklecks in der tristen Häuserlandschaft zu sehen.

## Die Farbe Rosa

Sie hilft mir, die schwierigen und depressiven Phasen des Lebens, locker und flockig zu überstehen. Die Farbe Rosa ist für mich zum Medium des perfekten Ausdrucks meines Inneren geworden. Die Farbe Rosa, die es ja bekanntlich in 240 verschiedenen Schattierungen und Untergruppen gibt, ist für mich die Offenbarung im hier und jetzt.

# Rosa

... ist ein optisches Transportmittel für positive Gefühle und heitere Stimmung. Rosa hat eine so positive Ausstrahlung, stimmt fröhlich und wirkt anregend. Rosa ist in der Farbenpsychologie die einzige Farbe, die alle positiven Eigenschaften in sich vereinigt und zum Ausdruck bringt:

Glückseligkeit – auf rosaroten Wolken schweben!

Sinnlichkeit – die wichtigsten Geschlechtsorgane sind rosa!

Heiterkeit – fremde Menschen lachen freundlich!

Lebenslust – leckere Lebensmittel sind rosa: Eiscreme, Hummer und Himbeermarmelade!

Zuversicht – eine rosige Zukunft erwartet auch Dich!

Geborgenheit – der Uterus sieht für den Embryo rosa aus!

Natürlichkeit – die Ur-Blume (Planta Purpuris) war rosa!

Ehrlichkeit – Ehrliche Menschen haben eine rosiges Gesichtsfarbe, Lügnern treibt es die Schamesrötung ins Gesicht!

Stilsicherheit – Mit Rosa liegst Du immer im Trend!

Selbst Farbpsychologen raten dazu, das Schlafzimmer in hellen Rosatönen zu halten, weil es die Hautfunktion stimuliert und einen schönen Teint macht.

Natürlich zieht ein individueller Stil die Aufmerksamkeit auf sich. Aber das, liebe Freundin, macht nicht nur Spaß, es ist eine wirklich tolle Erfahrung.

*»Man kann seinen Stil in Reichtümer verwandeln!«*

*Quentin Crisp*

Und dazu ein paar sehr weibliche Beispiele: Prinzessin Diana. Sie lehnte sich gegen die royale Bevormundung auf und wurde zur Königin der Herzen. Madonna hat trotz katholischer Erziehung alle Sextabus gebrochen und sich mit einer eigenen Firma vom schnellebigen Musikbusiness unabhängig gemacht. Marianne Sägebrecht hat mit ihrer barocken Figur sogar Hollywood erobert. Audrey Hepburn war eine klassische Schönheit, deren zeitloser Stil bis heute überlebt hat. Die 90jährige Schauspielerin Katherine Hepburn hat schon früh Frauen mit Köpfchen gespielt und trotz Glamour einen sehr simplen und ökonomischen Lebensstil geführt. Seit Jahrzehnten trägt sie privat nur beige Jeans und ihr Kennzeichen – einen roten Pullover. Tina Turner gab mit vier Kindern dem despotischen Ehegatten Ike den Laufpaß. Mit 36 startete sie bei Null und machte mit Stimme, Stil und Stöckelschuhen Weltkarriere. Auch Verona Feldbusch war ihr großmäuliger, aggressiver Ex-Gatte Dieter Bohlen piepegal – sie macht jetzt selbst Karriere. Nina Hagen ist so schräg, daß selbst Ufos auf ihr nicht landen können. Die schrille Bette Midler hauchte in schwulen

Saunabars Nostalgisches und forderte sogar Danny de Vito in »Die verrückte Entführung der Mrs. Stone« zu einem temperamentvollen filmischen Zweikampf heraus. Whoopie Goldberg war, ist und bleibt die dynamischste One Woman-Show und seit »Sister Act« auch die beste Nonne der Welt. Shirley McLaine machte Rothaarige und grüne Dessous gesellschaftsfähig und bot als tanzender und singender Derwisch allen Busenwundern Hollywoods die Stirn. Jacqueline Kennedy prägte einen eigenen Modestil, der sogar ihren ermordeten Ehemann John F. Kennedy überlebte. Grace Kelly schrieb die Geschichte von Aschenputtel und dem Prinzen neu und lebte deshalb in einem Palast. Jodie Foster verschaffte sich nicht nur als Schauspielerin, sondern auch als Regisseurin und Produzentin in der Männerhochburg Hollywood Respekt und ist der schönste Grund, lesbisch zu werden. Die Literatin Simone de Beauvoir hat viele Frauen auf dem Weg der Emanzipation begleitet und ihren geliebten Jean-Paul Sartre ein Leben lang gesiezt. Liza Minelli hat sich von keiner Lebenskrise unterkriegen lassen und heiratet gern (nur nicht Niki Lauda, sonst hieße sie ja ›Leisa‹ Lauda!). Und die Trivialautorin Barbara Cartland schwelgt seit über 80 Jahren in Kitsch, Herz und Schmerz und trägt selbstverständlich Rosa!

Du wunderst Dich vielleicht, liebe Freundin, daß viele dieser Frauen schon ziemlich alt oder sehr alt geworden sind. Mich wundert das gar nicht. Denn erstens machen Spaß, Spiel und Selbstverwirklichung zufrieden und gesund und verlängern das Leben, zweitens waren diese Frauen in ihrer Jugend noch nicht dem Imagedruck von Werbung und Medien unterworfen, und drittens haben sie ein Leben lang an ihrem Stil und ihrer Persönlichkeit gefeilt. Wie meinte die wunderbar eigenwillige Sängerin und Tänzerin Lotti Huber aus Berlin:

*»Ich kleide mich nicht modisch, sondern wie es mir paßt, und das ist vollkommen unabhängig von ›der Mode‹. Ich trage, was bequem ist. Und es muß meine Persönlichkeit ausdrücken.«*

Renn also nicht hinter Trends her. Du bist der Trend, denn jeder Trend stammt von Individualisten. Trau Dich, gegen den Strom zu schwimmen. Dann wirst Du Dich garantiert nie mehr selbst langweilen. Außer dann, wenn Du es willst, weil Du Dich gerade mal von all den aufregenden, amüsanten Ereignissen erholen mußt.

## Der Weg zum Ziel

Ich weiß, meine Lieben, eine Hausfrau 2000 und eine wahre Perle zu werden, ist nicht ganz so leicht wie es klingt. Aber mit etwas Willen und Energie ist viel zu erreichen, glaubt mir.

Der Motivationsexperte Professor Lutz v. Rosenstiel hat in Zusammenarbeit mit Petra Bles und Hugo Kehr ein Selbstmanagement entwickelt, welches klar umfaßt, wie man sein Ziel erreicht. Diese Thesen stimmen fast identisch mit meinen Ratschlägen für erfolgsorientierte Hausfrauen überein, die ich mit meinen Mitarbeiterinnen am Institut für Ökotrophologie erarbeitet habe.

## *Petra Perle*

1. Setze Dir klare Ziele und arbeite daran. Nur davon träumen ist nicht genug und auf die Dauer unbefriedigend.
   (Beispiel: Ich will Schlagersängerin werden!)
2. Setze Deine Ziele nicht zu hoch an, aber auch nie zu tief.
   (Beispiel: Wenn ich nicht beim echten Grand Prix singen kann, dann mach ich eben beim Wahren Grand Prix mit, ist eh lustiger.)
3. Gehe Deinen Weg konsequent Schritt für Schritt und freue Dich über jeden Erfolg, der Dich Deinem Ziel näher bringt.
   (Beispiel: Ein Gastauftritt in der ZDF-Hitparade.)
4. Akzeptiere Fehler – »No Woman is perfect«.
   (Beispiel: Auch andere treffen nicht immer den richtigen Ton beim Singen.)
5. Gib Aufgaben, die Dir keinen Spaß machen, am besten an andere weiter, die damit keine Probleme haben.
   (Beispiel: Verhandlungen mit Veranstaltern und Journalisten.)
6. Stärke Dein Selbstvertrauen, reflektiere Deine öffentlichen Auftritte und freue Dich, wenn sie gut waren.
   (Beispiel: Meinen Lieblingsauftritt bei Jürgen von der Lippe habe ich schon mindestens 20 mal genossen.)
7. Der »Spaßfaktor« sollte Dein Antriebsmotor sein und auch bleiben. Geld allein macht nicht glücklich.
   (Beispiel: Ein Tag an dem nicht gelacht wird, ist ein verlorener Tag!)
8. Bleibe locker, was immer auch passiert! Sei nicht zu pingelig. Gerade die sogenannten Mißgeschicke bleiben lustig im Gedächtnis.
   (Beispiel: Mein peinlicher Auftritt in der Spätshow, wo ich zweimal den Text von meinem Song nicht mehr wußte.)
9. Immer schön sauber bleiben. Keine krummen Touren, überlaß das den Blödmännern! So was fällt auf Dich zurück, verursacht schlechte Laune und läßt Dich irgendwann alleine dastehen!
10. Mit Penetranz ans Ziel. Durchhalten, weitermachen, dranbleiben – um so schöner ist die Ernte!
    (Beispiel: Platz eins in der ZDF-Hitparade im August 1997 – eine Woche Partytime).

# Lutz von Rosenstiel

1. Sich klare Ziele setzen und diese konsequent verfolgen. Vom Erfolg träumen alleine genügt nicht. Reden Sie gegenüber dem Lebenspartner und im engen Freundeskreis.

2. Keine unrealistisch hohe Ziele formulieren, aber auch keine leicht erreichbaren.

3. Große Ziele in Etappenziele zerlegen. Belohnen Sie sich bei jedem Etappensieg.

4. Lücken schließen. Gestehen Sie sich Defizite ein, die Sie bei wichtigen Kenntnissen und Fähigkeiten noch nicht haben, und gehen Sie daran sie zu beheben.

5. Die eigene Arbeit analysieren und Tätigkeiten herauszufinden, die dabei ein unangenehmes Gefühl auslösen. Was sind die Ursachen dafür? Suchen Sie nach Veränderungsmöglichkeiten.

6. Selbstvertrauen pflegen. Erinnern Sie sich daran, was Sie schon alles geschafft haben. Denken Sie an Ihre eigene Stärke und an die Ihrer Mitarbeiter.

7. Die Freude an der Tätigkeit sollte für Sie im Vordergrund stehen. »Viel Geld« verdienen allein ist keine gute Motivation.

8. Verkrampfungen vermeiden. Seien Sie nicht zu perfektionistisch. Denken Sie nicht nur an die Arbeit, genießen Sie die Freizeit.

9. Keine krummen Touren. Unsaubere Strategien sind angreifbar, führen oft zu vorübergehenden Erfolg, beschädigen die Selbstachtung und lösen bei anderen Abneigung aus.

10. An der Willensstärke arbeiten. Wichtig sind Konzentrationsfähigkeit, Hartnäckigkeit, langer Atem und die Fähigkeit trotz Rückschlägen weiterzumachen.

Wenn Du, liebe Freundin, also noch Zweifel hast, wie Du eine Hausfrau 2000 werden kannst, dann wiederhole das zweite Kapitel, studiere täglich die 2 x 10 goldenen Regeln des Selbstmanagements und nimm sie Dir zu Herzen. Ich bin sicher, Du wirst bald in den Hausfrauen 2000 Club aufgenommen.

3. KAPITEL

# Haushalt mit Raffinement

Haushaltsarbeit ist nun mal ein notwendiges Übel. Allerdings läßt sie sich mit einigen Raffinessen reduzieren und kann mit meinen Methoden durchaus zum Vergnügen werden. Picasso sagte: »Hast Du für ein neues Gemälde sechs Farben zur Verfügung, so benutze davon drei« – es ist also eine erwiesene Tatsache, daß die Reduktion der Mittel das zu erzielende Ergebnis qualitativ steigert. Berühmte Köche loben das einfache Gericht. Sie legen besonderen Wert auf die Qualität der Zutaten, nicht aber auf deren Quantität. Wer diesen Grundsatz beachtet wird bei seiner Hausfrauentätigkeit nicht nur viel Zeit sparen, sondern zu dieser auch ein gelöstes, ja freundschaftliches Verhältnis bekommen.

Und das ist absolut erstrebenswert, liebe Hausfrauen, egal ob im Single- oder Familienhaushalt. Junggesellen, das haben meine fünfjährigen Studien ergeben, sind in dieser Haushaltsdisziplin fast unschlagbar, denn sie bringen die beste Voraussetzung mit: sie sind arbeitsscheu! Aus diesem Urinstinkt heraus vermeiden sie instinktiv alles, was nicht unbedingt nötig ist. So entwickeln sie sich nach und nach zum Experten der Reduktion.

## Die Kunst der Reduktion

Weniger ist mehr – das macht auch in der Küche Sinn. Der absolute Experte und Erfolgsautor auf diesem Gebiet, Anton Zinkl, hat für uns, liebe Hausfrauen, einige Beispiele zusammengestellt, um das Prinzip der Reduktion deutlich zu machen:

»Ein sinnlos überfüllter Kühlschrank läßt sich vermeiden, wenn eine Liste aufgestellt wird, auf welcher nur die absolut notwendigen Lebensmittel verzeichnet sind. Vollkornschnitten, Frischkäse oder Butter, 150 g geräucherten Schinken, ein Stück Parmesan, zwei Gläser Senf (ein mittelscharfer und ein süßer einer ausgewählten Marke, der man treubleibt), eine Tube Mayonnaise, ein Glas Essiggurken und eine Dose Wienerwürstel. Sicher kann man auch noch ein Ei oder ein Glas Silberzwiebeln hinzufügen – das ist im Grunde aber nicht nötig. Eine unübersichtliche Häufung verschiedenster Eßwaren führt dazu, daß man sich nicht mehr entscheiden kann, was man mag, und daß die Eßwaren ihr Verfallsdatum überschreiten.

Ebenso klar sollte man in der Benutzung diverser Instrumente sein. Es reicht völlig aus, wenn jedes Familienmitglied je ein Besteck mit drei Teilen besitzt: Sinnvoll ist ein handlicher Plastikgriff (für jeden in der Familie in einer anderen Farbe) an Gabel, Messer und Löffel (ein großer Löffel reicht). Das vermeidet vor allem bei Kindern Besitzstreitigkeiten. Wenn die Mutter einen individuellen Messergriff aus

Perlmutt bevorzugt, geht das auch. Jedes dieser Teile wird sofort nach dessen Benutzung vom Eigentümer gesäubert, damit es stets verfügbar bleibt. Dies gilt auch für den Nachtisch. Konsequent ist der Suppenlöffel auch der Puddinglöffel! Ich kenne Familien, die mit diesem Prinzip seit Jahren völlig streitfrei existieren – und für den Single-Haushalt ist es sowieso die einzig akzeptable Lösung.

Dieses Prinzip der Reduktion gilt natürlich auch für den Teller und das Trinkglas. Wer behauptet, ein Weißbierglas könne nie und nimmer auch ein Weinglas sein, hat das Prinzip nicht verstanden: Ein neutrales mittelhohes Trinkglas ist definitiv ausreichend für alle flüssigen Inhalte. Wer wenig Teile hat, erspart sich immensen Zeit- und Energieaufwand, der in der Regel nach der Nahrungsaufnahme fällig ist. Sofortige Säuberung der nötigen Mittel während der Essenszubereitung und sofortiges Säubern danach erübrigt selbstredend eine laute und gefräßige Spülmaschine.

Nun wird die eine oder andere Hausfrau fragen: Schön und gut, aber was ist, wenn wir Gäste haben? Dazu folgendes: In einer Spezialschublade sollte man zwei Extrasortimente für Nichtmitglieder des gewöhnlichen Familienbetriebes griffbereit haben – mehr als zwei Gäste sollte man grundsätzlich nicht einladen, da sich dies in der Regel negativ auf die gesamtheitliche Gemütlichkeit auswirkt.

Um die positiven Auswirkungen meiner Ausführungen besonders im Falle von Gastfreundschaft zu zeigen, nachfolgend beispielhaft zwei Mustersituationen: Stellen Sie sich vor, ein befreundetes Ehepaar wird zum Essen eingeladen und findet folgende Situationen vor:

a) In der Küche dampft es, Mutter hastet mit rotem Gesicht und aufgelöstem Haarkranz zwischen drei kochenden Töpfen und drei Salatschüsseln hin und her. Sie schreit herum, kommandiert Mann und Kinder wegen diverser Getränke, Prosecco-Aperitif etc.

Die achtjährige Tochter weigert sich, einen anderen Löffel zu benutzen, weil ihr extraformatiger Kinderlöffel in der laufenden Spülmaschine steckt. Vater meckert, weil auf dem Tisch wieder das etwas kleinere Weißbierglas steht – Mutter ist es peinlich, weil auf dem Platz der Gäste verschieden bunte Teller und Kuchenbestecke liegen. Gegessen wird hektisch, die kleine Partie MauMau nach dem Essen muß für die Tochter entfallen, weil das Abräumen des Tisches über eine halbe Stunde gedauert hat und es nun Bettgehzeit ist. Das Kind weigert sich, es weint, die Gäste fühlen sich gezwungen, es zu trösten, der Abend endet mit dem vorzeitigen Aufbruch der Gäste, damit das Kind ins Bett kommt.

b) Es ist ein kleines Abendessen mit Toastbrot, Lachs, Butter und Meerrettich und Zitrone und ein kleiner Salat vorbereitet, dazu gibt es frisches Mineralwasser und einen kühlen Weißwein. Man setzt sich gemütlich an den Tisch, plaudert entspannt und läßt sich mit dem Essen viel Zeit. Es wird gemeinsam abgeräumt, in fünf Minuten ist alles gesäubert. Die Tochter darf die Karten holen, und man spielt zwanzig Minuten mit Freude, läßt sie am Schluß gewinnen. Sie geht brav ins Bett. Jeder spült sein Glas aus, der Vater bringt noch einen Grappa und eine Tüte Kartoffelchips – der Abend klingt gelöst und harmonisch aus.

Nun urteilen Sie selbst: Welche Situation bevorzugen Sie?«

Du siehst liebe Freundin, das Reduktionsprinzip ist auf viele Bereiche übertragbar und eigentlich einfach zu verstehen:

*Weniger Geschirr,*
*weniger Möbel,*
*weniger Kinder*

*= weniger Arbeit.*

Weitere wertvolle Ratschläge der Reduktion für diese und andere Bereiche des täglichen Lebens findet ihr, liebe Freundinnen, übrigens in Anton Zinkls amüsanter Lektüre »Das Glück der Reduktion«.

## Haushalt als Happening

Hausarbeit kann sogar zum Vergnügen werden, wenn man die richtige Ausstattung dazu besitzt. Mich hat als Kind immer gestört, daß die Putzutensilien immer so häßlich waren. Außerdem waren es immer so viele, daß man x-mal hin- und herrennen mußte, bis wieder alles zum Putzen vor Ort war. Diesem Übel habe ich längst Abhilfe geschaffen. Bereits 1992 entwickelte ich das Petra Perle-Putzset und diverse zeitsparende Putzmethoden, wodurch für mich die alltägliche Haushaltsarbeit zum Happening wurde. Nicht zu vergessen das zugehörige Putzoutfit.

*Auch zur Hausarbeit immer bestens gekleidet*

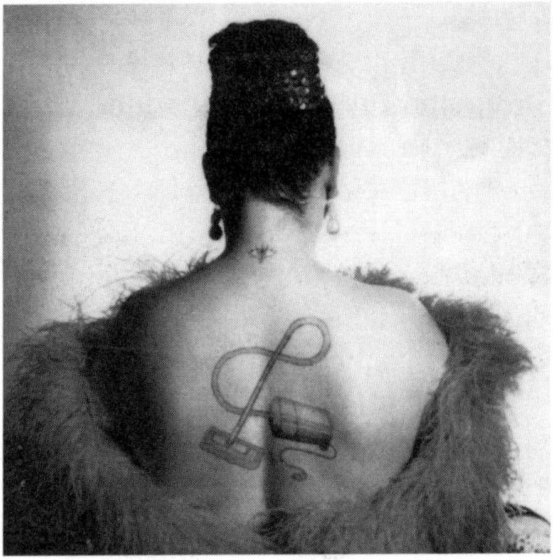

*Durchgestylt bis auf die Haut*

Sind wir doch mal ehrlich. Warum lieben die meisten Frauen die Hausarbeit nicht? Alleine die einfache Hausarbeitsbekleidung ist zutiefst abschreckend. Diskriminierende Schürzen, häßliche Jogginganzüge und alte Lappen – so macht Hausarbeit *keinen* Spaß. Die Hausfrau 2000 aber macht auch beim Putzen eine gute Figur. Ihr Putzoutfit ist speziell für Hausarbeiten gefertigt: bequem, nützlich und bestaussehend.

### *Das Polierhöschen*

Besonders beliebt bei der Hausfrau 2000 ist das rosa Polierhöschen, welches über eine gleichfarbige Strumpfhose gezogen wird. Diese Hotpans aus porentiefem Plüsch sehen nicht nur gut aus, sie eignen sich auch hervorragend zur schonenden Politur von Badfliesen und Badewannen.

### *Die Putziletten*

Ebenso praktisch und formschön sind auch die Putziletten, die zur schonenden Bodenpflege entwickelt wurden. Boden-

pflege, das wissen wir alle, ruiniert uns normalerweise den Rücken, die Strumpfhosen, die gute Laune und den ganzen Tag. Vermeiden läßt sich dieses Übel ganz einfach mit den Putziletten, reizenden Pantöffelchen, die an der Sohle mit staubabsorbierendem Flokatistoff in geschmackvollem Rosa versehen sind. Sie machen nicht nur einen schlanken Fuß, sondern können noch viel mehr: Sie bringen gründliche, aber kräfteschonende Reinigung bereits durch einfaches über den Boden schlurfen. Bei flotter Musik sind Pirouetten bis 360 Grad in diesen Schuhen keine Seltenheit mehr. Mit dieser Methode werden sämtliche Staubpartikelchen gründlich entfernt und das ansonsten so gesundheitsschädliche Wischen auf den Knien bleibt uns mit dieser Erfindung erspart.

### *Das persönlichkeitsstärkende Top*

Die Krönung des Putzdresses, ist das persönlichkeitsstärkende Top, enganliegend und mit dem großen *P* für Superperle auf der Brust. Alleine das Gefühl, ein Supergirl im Haushalt zu sein, macht Dich zu einem. Durch diese einfache psychologische Stärkung des Bewußtseins, so kräftig wie Meister Propper zu sein, geht alles automatisch schneller von der Hand!

### *Das Babydoll und der Hausmantel*

Für leichtere Hausarbeiten wie staubsaugen oder telefonieren empfiehlt sich natürlich ein Kleidungswechsel. Die moderne Hausfrau bevorzugt hier ein weitgeschnittenes Babydoll und einen raffiniertem Hausmantel mit Federboabesatz. Ein elegantes Flanieren beim Staubsaugen stellt sich in diesem Outfit ganz von alleine ein.

### *Der Putzflitzer*

Adrett und schick wie sie selbst ist auch das Putzset der Hausfrau 2000. Auf den ersten Blick vermutet man gar nicht, daß es sich hier um ein Putzset handelt, denn es ist äußerst dekorativ. Besonders hervorzuheben ist der schicke Putzflitzer auf vier Vollgummirädern. Er läßt sich mühelos über kleine Stufen schieben, ist wendig und egal wo er steht, immer dekorativ. Auch den Elch-Test hat er bestanden. Der manuell betriebene mobile Putzschrank verfügt an der linken Außenseite über eine Haltevorrichtung für Besen, Schrubber und Staubwedel. Zur luxuriösen Innenausstattung gehören:

- ein rosaroter Eimer in Herzform
- ein Besen- und Schaufelset in Rosé mit Perlendesign
- gummirosafarbene Putzhandschuhe mit Federbesatz
- eine rosa Allzweckbürste mit Perlendekor
- rosarote saugfähige Putz- und Wischtücher in Herzform
- zwei frische Klorollen im Schoner
- eine gutriechende rosa Möbelwaschlotion
- eine Schere zur schnellen Fleckenentfernung
- ein K2R-Fleckenreiniger, eine Fleckensalzmegaperle, eine Flasche Meister Propper und ein General
- und ein Nebelboy für hoffnungslose Fälle

Diese Grundausstattung läßt sich je nach Putzwünschen noch beliebig erweitern. Ein Modell mit eingebautem Radio und Kassettendeck, sowie einen Anhänger für den Staubsauger ist bereits in Planung. Der größte Vorteil des Putzflit-

zers ist, daß die ganzen Putzutensilien nicht ständig durch die Wohnung geschleift werden müssen, da sie an Bord des Putzmobils einen festen Platz haben. Das lästige Suchen nach dem Putzlappen und in die Küche zum Putzschrank rennen entfällt. Wo auch immer die Putzarbeit beendet wird, schließt man einfach die Türen, und im Handumdrehen ist alles aufgeräumt. Diese Putzutensilien müssen nicht unter der Spüle versteckt werden, denn durch ihr ansprechendes Design sind sie jederzeit selbst in der guten Stube in die Wohnlandschaft integrierbar – und eine kleine Parklücke findet sich immer!

Einige weitere Erfindungen zur Schmutzbeseitigung möchte ich Dir, liebe Freundin, auf keinen Fall vorenthalten, obwohl sie für Dich jetzt noch utopisch klingen mögen. Aber eines Tages werden wir uns ein Leben ohne sie nicht mehr vorstellen können.

### *Die Düsinelle*

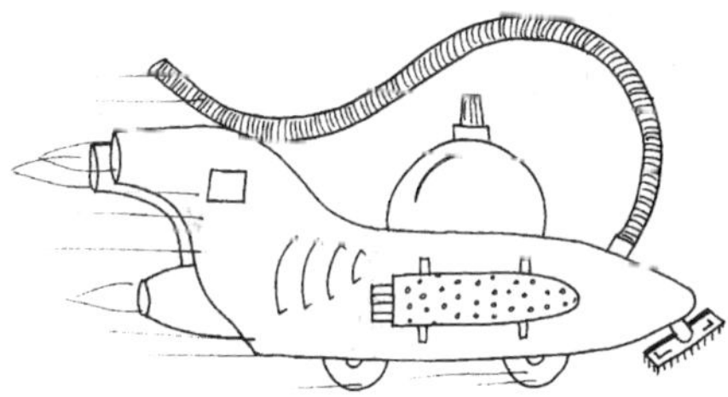

Dieser fliegende Staubsauger eignet sich besonders gut zur Straßenreinigung und zum Aufsaugen von großflächigen Schmutz. Vor allem im Herbst zur lästigen Blattentfernung im Garten ist er eigentlich schon heute unverzichtbar. Auch bei Katastrophen wie der raschen Verbreitung von Ölteppichen reinigt er absolut schnell und saugkräftig.

### *Der Nebelboy*

Der Nebelboy läßt Schmutz und Dreck im Nu aus dem Gesichtsfeld verschwinden. Diese Revolution im Haushalt erspart für immer Putzen und Schrubben. Mit dem Nebelboy verschwinden mühelos und in Sekundenschnelle alle schmutzigen Flächen wie von unsichtbarer Hand – *ohne* schädliche Reinigungsmittel! Der Nebelboy, die neue Generation von Schmutz-Weg-Geräten, setzt neue Maßstäbe, ist absolut sicher und kinderleicht zu bedienen. Durch seine unvorstellbare Nebelkraft, einem porentief reinigendem Dampf – und Dank der stufenlosen Regulierung wird jede Wohnung in dichten Nebel gehüllt, so stark, daß Du vorläufig nichts mehr siehst (... und schon gar keinen Schmutz!). Der Nebeldampf absorbiert den Oberflächenschmutz, bindet den Staub und zersetzt ihn biologisch ohne irgendwelche Rückstände, hygienisch und ohne Chemie.

Leider sind diese beiden Erfindungen, wie gesagt, noch nicht Realität, da die Ökologisierung in der Industrie noch immer in den Kinderschuhen steckt. Aber ich arbeite daran!

### *Der musikalische Klangteppich*

Bevor es dem Schmutz aber nun wirklich an den Kragen geht, muß noch der Rhythmus der Putzgeschwindigkeit bestimmt und ein entsprechend musikalischer Klangteppich ausgewählt werden. Gerade zu den rhythmischen Wisch- und Wedelbewegungen passen hervorragend südamerikanische Samba- und Bossanova-Rhythmen. Wie wir ja vom Karneval in Brasilien wissen, versetzt diese Art von Musik in Trance und wirkt absolut stimulierend. Kein Wunder also, daß den Hausfrauen aus diesen südlichen Regionen sogar eine unvergleichliche Lebenslust (nicht nur im täglichen Haushaltsbereich) nachgesagt wird. Für die europäische Hausfrau habe ich übrigens selbst einen Song geschrieben, der ebenfalls bestens zur täglichen Hausarbeit geeignet ist.

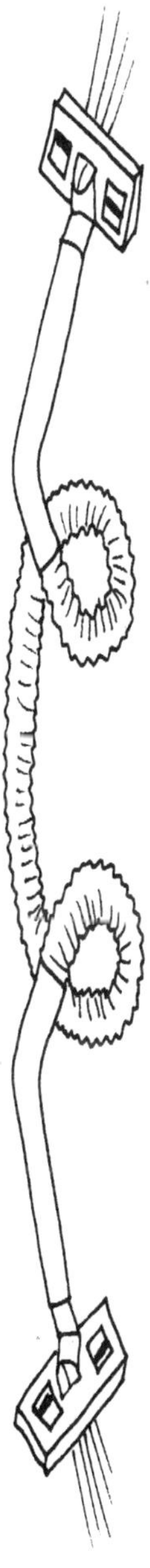

# *Und ich düse*

Ich heiße Petra Perle, man kennt mich überall
Im Haushalt bin ich super, ich löse jeden Fall
Ob putzen, spülen, saugen, ganz fröhlich mach ich das
Bei all den Haushaltsdingen da geb ich mächtig Gas

Und ich düse durch die Zimmer
Ja den ganzen Tag gibt es was zu tun
Alles glänzt schon in diesem Schimmer,
Ist der Tag zu Ende kann ich endlich ruhn

Und dann gönn' ich mir ein Päuschen,
Mit 'ner Fluppe und 'ner Kanne Tee
Meister Propper ist aus dem Häuschen
Und ich fühl mich pudelwohl von Kopf bis Zeh

Bei all den Haushaltsdingen, ja da bin ich ganz groß
Ich mache es mit singen, bei mir, da ist was los
Und habe ich Probleme, ich ärgere mich nie
Ich frage Clementine, dann bin ich schlau wie sie

Und ich düse durch die Zimmer
Ja den ganzen Tag gibt es was zu tun
Alles glänzt schon in diesem Schimmer,
Ist der Tag zu Ende kann ich endlich ruhn

Und dann gönn' ich mir ein Päuschen,
Mit 'ner Fluppe und 'ner Kanne Tee
Meister Propper ist aus dem Häuschen
Und ich fühl mich pudelwohl von Kopf bis Zeh

Mit meinen Putzmanieren, da bleibt mir Zeit für mich
Da gibt es keine Schlieren, ich mache reinen Tisch
Die Zeit vergeht im Fluge, gleich ist es 10 vor vier
Ich putz noch eine Fuge und dann bist Du bei mir

Und dann kann ich mit Dir kuscheln
Du bist froh bei mir daheim zu sein
Wenn die Nachbarn auch viel tuscheln
Mach die Fenster zu und dann sind wir allein

Die ersten großen Handikaps der ungeliebten Hausarbeit – das angeschlampte Outfit und die farblosen, häßlichen Putzutensilien – sind Dank der bereits genannten Erfindungen überwunden. Bleibt uns noch die einsame Angst vor Schmutz und Flecken zu besiegen, die jede normale Hausfrau kennt.

## Keine Angst vor dem Schmutz – Helfer im Haushalt

Die Angst vor Schmutz sitzt bei vielen Hausfrauen sehr tief. Bereits als kleine Mädchen wurden wir ermahnt, stets sauber und ordentlich zu sein. Bei jedem zweiten Kind bleiben Schmutzneurosen fast ein Leben lang bestehen; nicht umsonst hat immer noch jede zweite Mutter den immer wiederkehrenden Zwang, Schmutz gründlich und sofort zu entfernen.

Auschlaggebend im Kampf mit dem Schmutz ist zunächst die Einstellung zu ihm. Niemals darfst Du Dich vor ihm fürchten! Wenn Du Angst vor einer verschmutzten Küche hast, stelle Dir vor wie schön sie aussieht, wenn sie spiegelt und glänzt wie eine Perle. Auch der Gedanke die ganze Arbeit alleine bewältigen zu müssen, spielt eine nicht unwesentliche Rolle bei dieser Art von Angst.

### *Meister Propper, der General und die Megaperle*

Dabei haben wir heute schon unglaubliche Helfer zu Verfügung; ein ganzes Heer an Putzkräften kann man heute schon sehr kostengünstig einkaufen. Ein Meister Propper oder ein Stab von putzfreudigen Generälen sind durchaus erschwinglich. Auch die Kraft der nach mir benannten Megaperle ist nicht zu unterschätzen.

Ich persönlich bevorzuge möglichst natürliche Reinigungsvorgänge; natürlich kann beispielsweise das Fensterputzen sein. Selbst stark verschmutzte Fenster werden bei einem ordentlichen Regenschauer sauber wie noch nie. Sehr wirkungsvoll ist das geschickte Öffnen des Fensters... husch... und schon hast du klare Sicht!

### *Die Frösche – unsere Freunde aus dem Tierreich*

Rein wie die Natur sind auch unsere Freunde aus dem Tierreich – nicht umsonst werben heutzutage Frösche für natürliche Sauberkeit.

Sie empfehlen biologische Reinigungsmittel, die den Schmutz wie von Geisterhand verschwinden lassen und im Haushalt bei geringem Aufwand optimale Ergebnisse erzielen. Du kannst täglich im Werbefernsehen sehen, wie leicht der Schmutz verschwinden kann, wenn Du den richtigen Umgang mit ihm beherrschst!

### *Die liebe Familie*

Neben den käuflich zu erwerbenden Helfern steht Dir bei Putzattacken – falls Du Familie hast – auch noch diese zur Verfügung. Kinder und Ehemänner müssen nur entsprechend zu Putzhilfen erzogen werden, denn gemeinsam Putzen heißt weniger putzen. Auch hier zeigt sich deutlich das bereits erwähnte Reduktionsprinzip: Mehr Arbeit für die Helfer ist weniger Arbeit für die Hausfrau 2000!

### *Kleine Putzteufel*

Kinder brauchen verantwortungsbewußte Aufgaben, und im Haushalt gibt's genügend davon. Da Kinder außerdem begeisterte Schmutzverursacher sind und ihn von Natur aus magisch anziehen, können sie bedenkenlos auch zu seiner Beseitigung eingesetzt werden. Veranstalte daher mit Deinen eigenen Kindern und der Nachbarbrut Schnell-Putz-Wettbewerbe in Deiner Küche. Verkleide sie dazu als Putzteufel. Gewinnen werden alle kleine, günstige Preise aus dem 99-Pfennig-Laden. So gewinnst Du wieder Zeit für Dich und zudem begeisterte Mütter – die Nachbarinnen sind dankbar, daß ihre Kinder weg von der Straße sind und auch noch etwas lernen!

### *Manpower*

Zur Schmutzbekämpfung sind auch Männer hervorragend geeignet. Putzen ist für Deinen männlichen Partner der ideale Ausgleich zum stressigen Berufsleben – Putzen befreit und öffnet den Geist. Mal ehrlich, wann haben vielbeschäftigte Männer schon mal richtig Muße, über sich und unsere Welt nachzudenken und zu philosophieren? Richtig – am ungestörtesten denken können sie bei der Hausarbeit, da sie bei diesen Tätigkeiten seltenst unterbrochen werden. Sitzen sie hingegen bequem im Wohnzimmersessel, werden sie ständig mit Gesprächen konfrontiert; um so mehr genießen sie die Ungestörtheit beim Reinemachen.

In buddhistischen Klöstern ist das auch nicht anders. Viele Bekannte von mir versuchten der Zivilisation zu entfliehen und verbrachten ihren kostbaren Jahresurlaub in Klöstern. Sie kamen erholt und erleuchtet zurück. Auf die Frage, was sie da den ganzen lieben langen Tag gemacht haben, kam die Antwort: »Meine Aufgabe war es, in der

Küche des Klosters für Sauberkeit zu sorgen und mich um das Essen zu kümmern« oder: »Ich hatte die ehrenvolle Verpflichtung im stillen Örtchen die Stille der Stille zu empfinden und in mich aufzunehmen. Das war ein tolles Erlebnis und hat mir echt was gebracht.« Tja, meine Lieben, ehrlich gesagt, das könnten diese Heilsuchenden bei mir in der Wohnung billiger haben!

Meine Untersuchungen haben deutlich gezeigt, daß die männliche Gehirnstruktur äußerst positiv auf Säuberungsmaßnahmen reagiert. Besonders gut wirken sich Putzaktionen im Sanitärbereich – also das Säubern von Toiletten und Badewannen – auf das ganzheitliche Wohlbefinden des Mannes aus. Anfangs sträuben sie sich gerne dagegen mit Argumenten wie: »Ich bin müde« oder »Ich habe Kopfweh«, doch nach wenigen Minuten fühlen sie eine Zufriedenheit in sich aufsteigen, die mit nichts zu vergleichen ist. Werden sie zwischendurch immer ein bißchen gelobt, sind die Jungs nicht mehr zu bremsen. Eventuelle Schwierigkeiten können allerdings beim Spülen auftreten – hierfür sind viele Männer nicht so leicht zu gewinnen, da sie in dieser Hinsicht immer noch mittelalterlich denken.

Sodalaugen und Quarzsand waren die einzigen Hilfsmittel unserer Großmütter und Urgroßmütter bei der Bewältigung von schmutzigem Geschirrbergen, die unsere Vorväter produzierten. Frauenhände hatten damals unter den scharfen Mitteln schwer zu leiden. Obwohl diese Spülmittel längst von schonenden, farbenfrohen Seifenlaugen abgelöst wurden, gehört das manuelle Geschirrspülen immer noch zu den ungeliebtesten Hausarbeiten (wie viel schöner ist da saugen!). Horrorvisionen wie folgende sind nicht selten: Der Geschirrberg wächst und wächst, unaufhaltsam, ja geradezu bedrohlich, sogar lebensgefährlich türmt er sich erst in der Spüle, auf dem Tisch, dann in der gesamten Küche! Bald hat der Geschirrberg die Küchendecke erreicht, er hört nicht auf zu wachsen und quillt aus der Küche in die Diele, ins Wohnzimmer. O Schreck, das Geschirrmonster drückt die Wohnungstür nach außen auf – schon ist es im Treppenhaus. Wie peinlich! Der Geschirrgigant wälzt sich bei Frau Hartmann gegenüber in den Wohnbereich. Ausgerechnet zu der, wo die doch so pingelig ist. Was werden die Nachbarn denken? Schepper, Klirr, die ganze Lawine ist soeben die Treppen runtergepurzelt! Aber keine Sorge, liebe Freundin, das war nur ein schlechter Traum!

Ein bißchen Gehirnwäsche ist zur Beseitigung dieser und ähnlicher Alpträume bei Männern vor dem Geschirrspülen von Nöten. Mach dem Mann schonend, aber mit Nachdruck klar, daß Abspülen extrem potenzsteigernd ist. Mal ehrlich, vor was haben Männer am meisten Angst? Vor Frauen: 88 Prozent. Und vor Potenzversagen: 78 Prozent! Na also, wo ist das Problem? Ich habe nach einem Dauertest von sage und schreibe zwölf Ehejahren noch keine Anzeichen von Ermüdung feststellen können (und in dieser Zeit auch noch kein einziges Mal abgespült). Bei meinen früheren Beziehungen, die wesentlich kürzer waren, haben die Jungs nie abgespült. Hier war häufig eine gewisse Schlappheit zu beobachten. Tiefenpsychologen haben festgestellt, daß eine intensive Auseinandersetzung mit Porzellan, Glas und Geschirr männliche Gehirnzellen an den Geschlechtsakt erinnert und die Blutzirkulation im Unterleib fördert. Wie das zusammenhängt ist mir noch nicht ganz klar, aber, liebe Freundin, bei Männern laufen viele Dinge ab, die uns Frauen unverständlich sind.

Hättest Du beispielsweise gedacht, daß den Weltrekord im Bügeln ein Mann für sich in Anspruch nimmt? Bügeln zählt bei uns Frauen auch zu einer der unbeliebtesten Haushaltsdisziplinen. Der Weltmeister in diesem Contest laut dem Guinnessbuch der Rekorde von 1998 ist das ein gewisser Richard Lee. Er hingegen sieht das Bügeln als Entspannung, Erholung und Spaß, und er rät jedem, der Bügeln haßt, eine gemütliche Atmosphäre zu schaffen. Musik im Hintergrund, ein Flasche Wein und Snacks zwischendurch. Und am besten, sagt er, bügelt es sich im Duett.

### *Putzen mit Erfolg!*

Auf keinen Fall darfst Du zu häufig putzen, sonst überkommt Dich immer wieder der penetrante Putzfimmel. Putze nur, wenn's richtig dreckig ist, damit Deine Arbeit auch das entsprechende, befriedigende Resultat aufweist. Das Erfolgserlebnis ist um so größer, wenn Du bemerkst, daß der Küchenschrank gar nicht grau, sondern ursprünglich weiß ist. Oder wenn Du bei der Reinigung der Treppenhausstufen feststellst, in welchem Stock Du wohnst und wieviele neue Mieter seit fünf Jahren eingezogen sind. Eine Überraschung jagt die nächste, wenn Du Großputzaktionen gezielt plazierst. Immer nach dem Motto: Einmal ist keinmal!

Bei größeren Aktionen gilt sowieso – putze nie allein! Lade Deine Freunde zu einer aufregenden Putzparty ein; abwechselnd bei Dir und in den Wohnungen der Bekannten wird ein fester Putztag gefeiert, ein Jourfix, ein Putzfix, ein Jourputz, oder wie immer Du dieses saubere, gesellschaftliche Ereignis auch nennen magst. Geteilter Schmutz ist halber Schmutz, sagen die Australier und gehen mit bestem Beispiel voran. Sie haben gleich einen Cleaning-Day im Jahr eingeführt, an dem das ganze Land in einem Tag gesäubert wird. Eine phantastische Idee! Für meinen Geschmack aber nicht ausreichend – einmal im Monat wäre bei den heutigen Schmutzbergen wahrscheinlich angesagt. Vielleicht auch bald schon wöchentlich?

Wer diese Strategien der Angstbekämpfung von Hausarbeit verstanden hat, braucht sich auch vor Flecken nicht länger zu fürchten. Um die faszinierende Welt der Flecken zu verstehen, mußt Du sie erst mal kennenlernen. Automatisch wirst Du sie dann genauso lieben wie ich. Flecken gibt es mannigfaltig und unendlich, und sie sind leicht zu produzieren.

## Stardreck und andere kuriose Flecken

Früher, als ich noch eine ganz normale Hausfrau war, haben mich Flecken tierisch genervt. Überall sind sie mir unangenehm aufgefallen und haben mir das Leben verdreckt. Ich glaubte, sie entfernen zu müssen, genauso wie die Chemieindustrie es mir per Gehirnwäsche im Fernsehen einimpfte. Ich hatte keine ruhige Minute mehr und rannte von einem Fleck zum anderen, um ihm den Garaus zu machen, bewaffnet mit Wasser und Seife. Stundenlang rubbelte ich ergebnislos an einer Stelle herum, doch was passierte in der Regel: Der Fleck wurde immer größer und massierte sich durch meine ruckartigen Bewegungen immer tiefer in das beschmutzte Material. Es kam früher sogar vor, daß ich vor lauter Putzwahn neue, noch schlimmere Flecken verursachte.

Einmal war ich gerade dabei, ein Haar vom Badezimmerboden zu entfernen. Ich bückte mich, schnellte wieder nach oben – ohne daran zu denken, daß da ja der Allibert-

Einfach praktisch!

Reinschlüpfen und wohl fühlen –
die Mösiletten!

Keine Angst vor großen Dingen!

Petra Perle und
ihre Helfer im Haushalt!

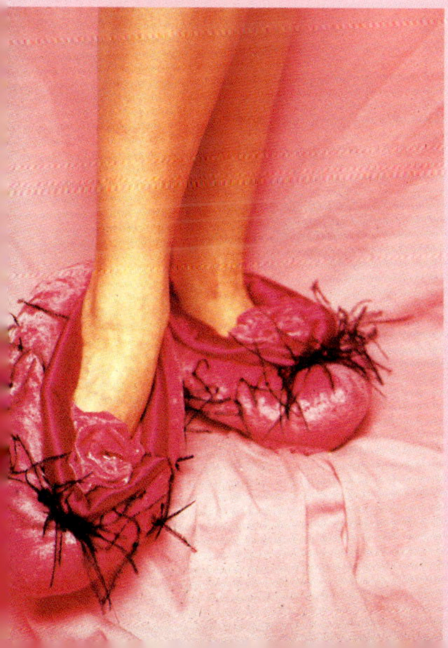

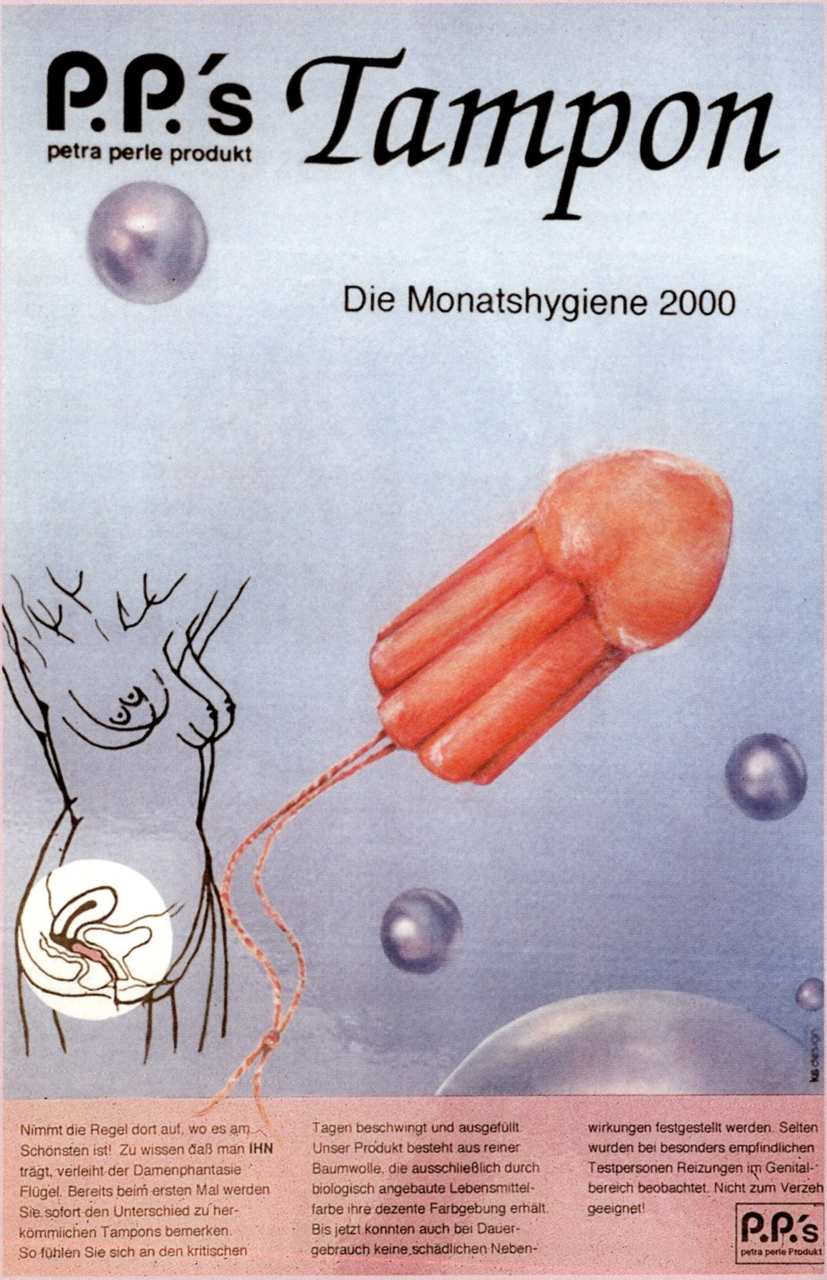
P.P.'s
petra perle produkt
Tampon
Die Monatshygiene 2000
ka design
Nimmt die Regel dort auf, wo es am Schönsten ist! Zu wissen daß man **IHN** trägt, verleiht der Damenphantasie Flügel. Bereits beim ersten Mal werden Sie sofort den Unterschied zu herkömmlichen Tampons bemerken. So fühlen Sie sich an den kritischen Tagen beschwingt und ausgefüllt. Unser Produkt besteht aus reiner Baumwolle, die ausschließlich durch biologisch angebaute Lebensmittelfarbe ihre dezente Farbgebung erhält. Bis jetzt konnten auch bei Dauergebrauch keine schädlichen Nebenwirkungen festgestellt werden. Selten wurden bei besonders empfindlichen Testpersonen Reizungen im Genitalbereich beobachtet. Nicht zum Verzeh geeignet!
P.P.'s
petra perle Produkt

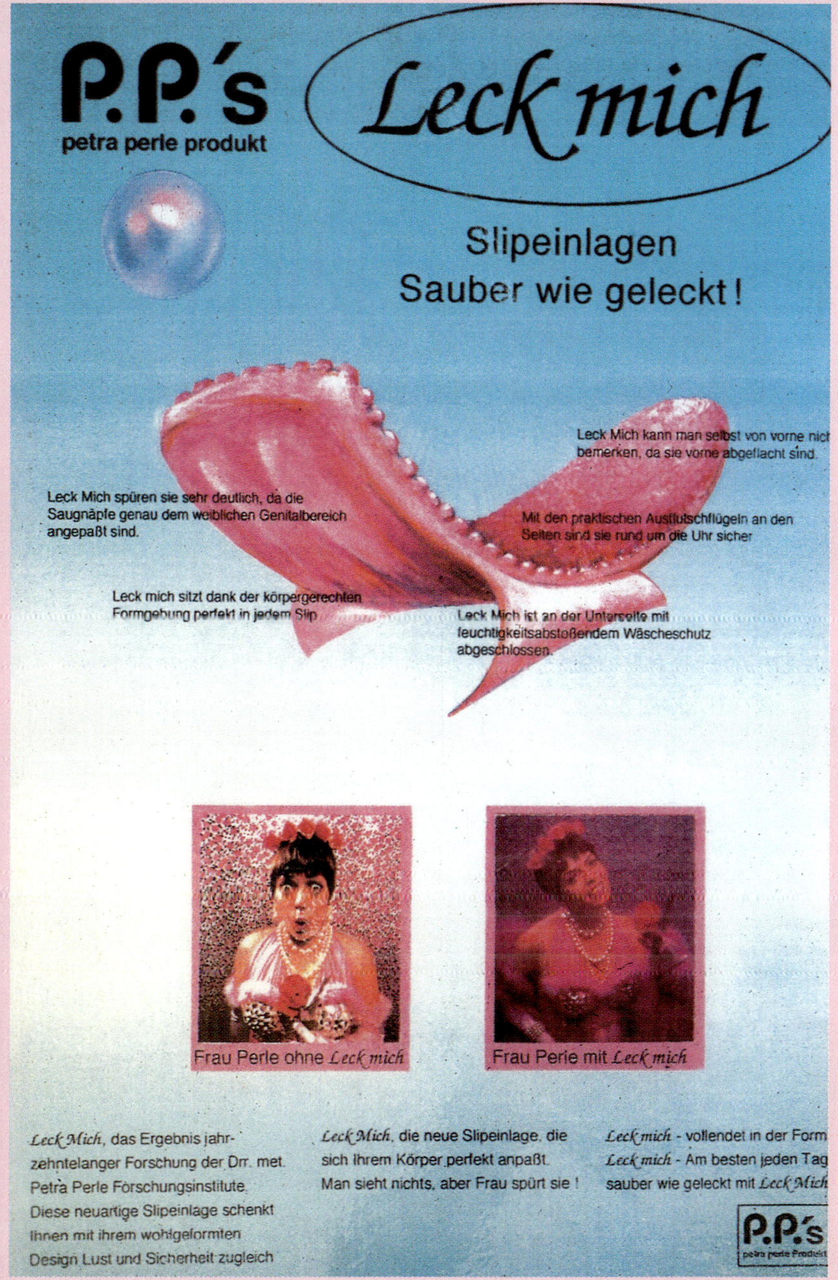
P.P.'s
petra perle produkt
Leck mich
Slipeinlagen
Sauber wie geleckt!
Leck Mich kann man selbst von vorne nic
bemerken, da sie vorne abgeflacht sind.
Leck Mich spüren sie sehr deutlich, da die Saugnäpfe genau dem weiblichen Genitalbereich angepaßt sind.
Mit den praktischen Ausflutschflügeln an den Seiten sind sie rund um die Uhr sicher
Leck mich sitzt dank der körpergerechten Formgebung perfekt in jedem Slip
Leck Mich ist an der Unterseite mit feuchtigkeitsabstoßendem Wäscheschutz abgeschlossen.
Frau Perle ohne Leck mich
Frau Perle mit Leck mich
Leck Mich, das Ergebnis jahrzehntelanger Forschung der Drr. met. Petra Perle Forschungsinstitute. Diese neuartige Slipeinlage schenkt Ihnen mit ihrem wohlgeformten Design Lust und Sicherheit zugleich
Leck Mich, die neue Slipeinlage, die sich Ihrem Körper perfekt anpaßt. Man sieht nichts, aber Frau spürt sie!
Leck mich - vollendet in der Form
Leck mich - Am besten jeden Tag
sauber wie geleckt mit Leck Mich
P.P.'s
petra perle Produkt

Der Frosch, Dein Freund und Helfer!

Göttliche Wesen!

Alles Gute!

Immer schön saubär bleiben!

schrank hing! Irgendwie hat's den ganzen Kasten beim Aufprall aus der Wand gerissen, und er ist mit lautem Knall auf dem Boden zerborsten. Ich bin erschrocken zurückgeschnellt. Dummerweise war ich barfuß, als ich einen Sprung machte, bei dem ich mit dem kleinen Zehen an der Türkante hängenblieb. Wer das noch nicht erlebt hat, weiß nicht, was Schmerzen sind! Ich verlor das Gleichgewicht und stürzte in die volle Badewanne. Just an diesem Tag lag in der Wanne weiße Bettwäsche in dunkelrotem Rote-Beete-

*a) Intimfleck*

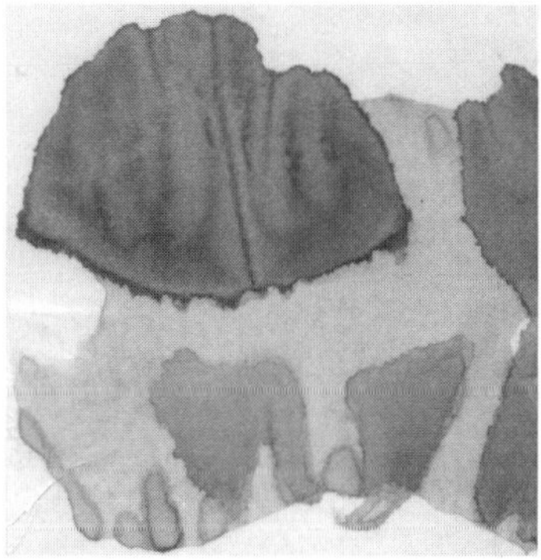

*b) Kaffeefleck*

*c) Schandfleck*

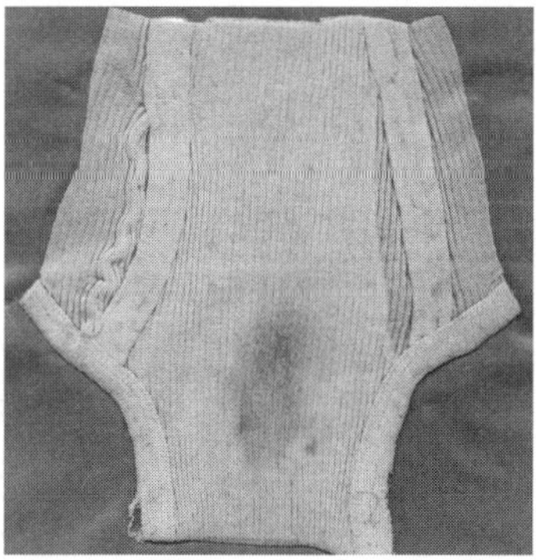

*d) Urinfleck*

Sud, um von mir auf biologische Weise zartrosa gefärbt zu werden. Meine 70 Kilogramm reines Perlengewicht klatschten in die Wanne und verdrängten das blutrote Wasser. Der Sturz wurde dadurch zwar abgebremst, aber die rote Soße vermengte sich mit Scherben und Badezimmerallerlei und lief unaufhaltsam auf den angrenzenden Flurteppich. Und das alles wegen eines Haares (es war ein Schamhaar)! Nach diesem Erlebnis war ich geheilt. Ich begann Flecken nicht mehr zu bekämpfen, sondern sie und damit ihre Geschichte zu sammeln.

Seit nunmehr fünf Jahren sammle ich leidenschaftlich Dreck- und Schmutzflecken aus den verschiedenen Bereichen meiner Umgebung. Bei den leider immer noch unregelmäßigen, internationalen Schmutzflecken-Tauschbörsen gelingt es mir immer wieder, erstaunliche Raritäten zu ersteigern. Schmutzflecken von Prominenten, der sogenannte »Stardreck« sind die persönlichen Favoriten in meiner Sammlung.

Über Schmutzflecken sollten wir uns nicht aufregen. Freuen wir uns lieber über die genialen Erfindungen im Haushalt. Welche Hausfrau 2000 möchte heute noch auf die modernen, zeitsparenden Heinzelmännchen wie Waschmaschine, Spülmaschine, Mulinette oder einen Staubsauger verzichten? Uns Hausfrauen wird heutzutage schon sehr vieles erleichtert. Wir können von unserem Wohnzimmer aus einkaufen und das Essen kommt auch schon ins Haus.

## Einfach Einkaufen

Mühelos und von zu Hause aus einkaufen, das war schon der Traum einer jeden Hausfrau in der prähistorischen Vorzeit. Wobei ich mir so einen Steinzeitkatalog doch etwas schwer vorstelle, besonders wenn man nur mal schnell durchblättern will, und der Katalog aus Versehen aus der Hand gleitet und auf den Fuß fällt. Das ist heute nicht das Problem. Die Gefahren lauern anderswo!

### *Bestellen aus dem Katalog*

... macht Laune und Spaß. Ständig entdeckst du Dinge, die Du noch brauchen könntest. Dabei verliert die Bestellerin schnell den Überblick über die Finanzen und gibt in der Regel mehr Geld als nötig aus. Der bargeldlose Einkauf und die praktische Ratenzahlung hat schon manche eigentlich vernünftige Hausfrau in die Schuldenfalle tappen lassen.

Meine Bibel »Die moderne Hausfrau« (so heißt diese Bibel des guten Geschmacks tatsächlich) ist für mich eine solche Gefahr. Wenn ich weiß, ich bin knapp bei Kasse, dann ist mein Ratschlag für alle Gefährdeten: den Bestellschein vor dem Lesen in 100 Stücke zerreißen und im Klo wegspülen.

### *Nur Bares ist Wahres!*

Eigentlich kommt es beim Einkaufen immer darauf an, ob es einem prinzipiell Spaß macht oder nicht. Und ob man notgedrungen Lebensmittel kaufen muß oder einen neuen Pulli für sich sucht. Viele verderben sich den Spaß am Einkaufen durch kopfloses Losrennen.

Einkaufen will überlegt sein, auch wenn Du nur zum Spaß bummeln gehst. Nimm auf jeden Fall immer nur soviel Bares mit, wie Du auch ausgeben kannst, sonst ist hinterher der Jammer groß. Laß die Scheckkarte zu Hause! Ich komme auf Flohmärkten immer in Versuchung. Aber wenn ich nur einen Hunderter mitnehme, kann ich auch nur einen ausgeben. Bei mir ist eh der Schnäppcheninstinkt stark ausgeprägt, bei allem, was ich kaufe. Und wenn Du Dich, liebe Freundin, ein bißchen umsiehst, kannst Du wirklich viel Geld sparen. Billigketten haben heute oft die gleichen, bewährten Grundnahrungsmittel von Markenherstellern um einiges günstiger als der teure Supermarkt.

### *Zum richtigen Zeitpunkt*

Wer ohne Streß einkaufen will, muß sich gut überlegen, zu welcher Zeit er Einkaufen geht. Zum Einkaufen von Lebensmitteln empfiehlt sich die späte Mittagszeit. Am frühen Nachmittag ist es fast immer angenehm leer in Läden und Kaufhäusern (außer kurz vor irgendwelchen Feiertagen!). Leider sind wir Hausfrauen hierzulande durch unsere Ladenöffnungszeiten ja immer noch sehr festgelegt. Ich hoffe ja immer noch auf Verhältnisse wie in Amerika, wo rund um die Uhr alle möglichen Geschäfte offen haben. Für mich wäre das ein Paradies! Gerade nach Ladenschluß fällt uns doch meistens ein, was wir Wichtiges vergessen haben.

### *Der Homeservice*

Vorbildlich empfinde ich auch die amerikanische Methode des »Deliverns«. Von zu Hause aus das Essen oder Einkäufe bestellen – in einer halben Stunde steht es auf dem Tisch! In Deutschland hat sich diese neue Küche inzwischen auch langsam etabliert. Für die Hausfrau 2000 ein Grund zu jubilieren.

## Die leichte Küche

Jede Hausfrau kennt das Problem, Tag für Tag neue Gerichte zaubern zu müssen. Entweder die Familie nörgelt unzufrieden über das Essen, oder frau kocht doch immer dasselbe.

Kochen muß eine Hausfrau 2000 heute nur noch das nötigste. Vielfältig sind die Möglichkeiten dem täglichen Kochstreß zu entrinnen. Egal was sich die Familie auf den Tisch wünscht – die meisten Gerichte kannst Du heute über den bequemen Lieferservice bestellen. Pizza, Lasagne, mexikanische, chinesische oder japanische Spezialitäten liefern eine Vielzahl von Restaurants auf Bestellung nach Hause. Dazu mußt Du nur die Speisekarten sammeln, die man inzwischen fast täglich im Briefkasten findet.

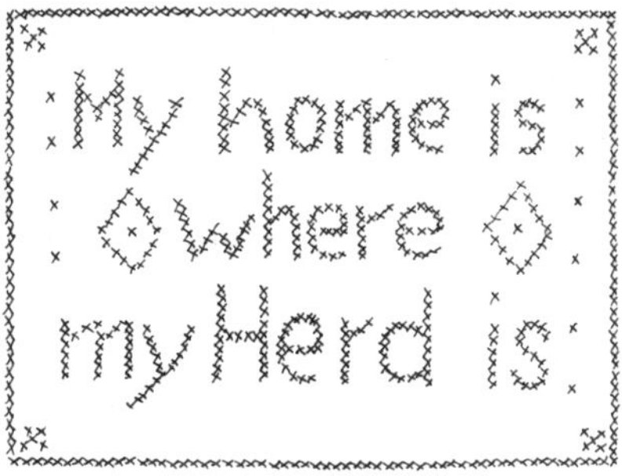


Bei einigen Speisen kann man hervorragend tricksen und so tun, als hätte man selbst gekocht. Lasagne, Nudelgerichte oder chinesisches Essen einfach in Töpfe oder Tiegel füllen und auf den Herd oder kurz in den Ofen stellen, damit sich der Duft von Essen leicht in der Wohnung verbreitet. Den Mülleimer noch leeren, bevor eine Verpackung Rückschlüsse auf den Ursprung der Mahlzeit verrät! Selbst machst Du noch einen kleinen Salat, und schon kannst Du behaupten, selbst den Kochlöffel geschwungen zu haben. Diese Notlüge ist angesichts der Tatsache, daß wir Hausfrauen fast permanent für die Verpflegung anderer zuständig sind, durchaus erlaubt.

Viele Gerichte gibt es heutzutage auch beim Metzger oder in der Fischhandlung schon fertig und lecker zubereitet. Sie müssen meist nur noch in den Ofen und sind schnell fertig. Ebenfalls ein guter Trick, sich als gute Köchin zu profilieren – und Arbeit war es ja auch, das Einkaufen und Warmmachen!

### *Schnell gezaubert*

Es gibt aber auch einige Gerichte, die sehr schnell gehen, gut schmecken und ohne jeden großen Aufwand auch selbst hergestellt werden können. Selbst wenig begabte Köchinnen wie ich hatten damit schon großen Erfolg.

Zu meinen kulinarischen Köstlichkeiten gehören Rezepte wie

- Rigatoni in Lachssauce
- Hummer mit Ruccula-Salat und gebratenen Austernpilzen
- Spargelspitzen mit Kartoffeln und Schinkenplatte
- Putengeschnetzeltes in roter Pfeffersahne mit Reis
- Tachos mit gemischten Salat
- Kalbsschnitzel in Zitronensauce mit Kartoffelbrei

Du findest diese Rezepte im Kapitel sechs, im ABC für die Hausfrau 2000, unter R wie Rezepte.

Mit diesen wenigen Rezepten und den vielen frei verfügbaren Fertiggerichten kannst Du Dich heute schon wunderbar als Köchin bewähren, ohne jede große Anstrengung oder exzellenten Kochkünsten. Und sicher wirst Du zur Belohnung auch von Deinem Liebsten mal zum Essen eingeladen.

Falls Du trotzdem öfters Ärger mit der Familie wegen Deiner Kochkünste bekommst, stelle sie einige Tage auf Dosennahrung um, und die Meckerei wird bald wieder aufhören.

Männer sind übrigens auch bei der Haushaltsdisziplin Kochen oft die besseren Kandidaten. Teste also Deinen Partner, ob er kochen kann, bevor Du Dich selbst an den Herd stellst.

Hausarbeit, muß also nicht der Horrorjob sein. Ich hoffe, meinen Teil zur Verbesserung des schlechten Image von Hausarbeit beigetragen zu haben. Am besten, Du

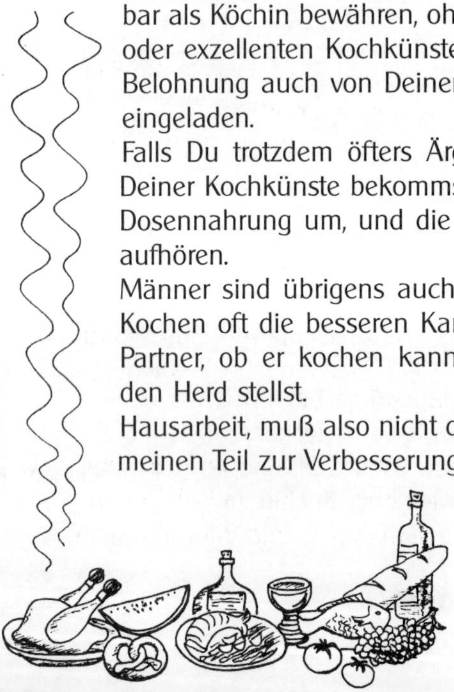

probierst meine Tips und Tricks einmal im Selbstversuch aus, liebe Freundin. Ansonsten kann ich noch mit einem letzten Vorteil der Hausarbeit aufwarten.

## Fit durch Hausarbeit

Für die Hausfrau 2000 ist Bewegungsmangel ein Fremdwort, denn sie ist ständig auf Achse – wenn auch bisweilen nur in Gedanken. Die diversen Hausarbeiten sind für den täglichen Fitnessbedarf absolut ausreichend. Alle Muskeln werden dabei gleichmäßig bewegt und gefordert.

Wer sich im Hause nur wenig betätigt, höchstens ab und zu zur Tür geht, wenn es klingelt, in Zeitungen und Zeitschriften liest, manchmal den Telefonhörer abnimmt und anregende Gespräche führt, durch das Fernsehprogramm zappt und dergleichen, der verbraucht täglich etwa 1500 Kalorien:

| | |
|---|---|
| Eine Stunde zappen | – 75 Kalorien |
| Fingernägel lackieren | – 10 Stück á 2 Kalorien |
| Die ›Aktuelle‹ durchblättern | – 7 Kalorien |
| Die ›Aktuelle‹ lesen | – 1240 Kalorien |
| Mit Freundinnen telefonieren: | |
| 1 Regionaleinheit | – 3 Kalorien |
| 1 Euro-Verbindung | – 5 Kalorien |
| 1 Funkrufdienst Telmi | – 80 Kalorien |

Bereits bei leichter körperlicher Arbeit wie einkaufen, putzen, kochen oder abspülen steigt der tägliche Kalorienverbrauch bereits auf ca. 3000 Kalorien.

| | |
|---|---|
| Eine Stunde shoppen | – 850 Kalorien |
| 25 Minuten Einkaufswagen schieben | – 100 Kalorien |
| 40 Minuten Frühjahrsputz | – 1000 Kalorien |

Aber auch bei Fit durch Hausarbeit gilt: ***Alles in Maßen.*** Zu viel Sport ist ungesund, das wissen selbst Sportmediziner. Es gibt kaum einen Topathleten, der seine Laufbahn ohne körperliche Schäden beendet. Steffi Graf verbringt sicher mehr Zeit beim Arzt als auf dem Tennisplatz.

Daß zuviel Hausarbeit sogar gesundheitsschädigend sein kann, belegt die hohe Zahl an Haushaltsunfällen. Jedes Jahr verunglücken in Deutschland bis zu 2,4 Mio. Menschen bei der Hausarbeit. Gerade an dem Ort, wo sich die meisten Menschen am sichersten fühlen: zu Hause. Besonders Frauen über 65 sind davon betroffen. Die häufigste Todesursache ist in dieser Altersklasse der Sturz! Wollen ältere Damen zu hoch hinaus? Schön wäre es. Doch es ist meist viel banaler. Die meisten wollten nur Staub und Spinnweben entfernen und mußten das mit Ihrem Leben bezahlen. Ein weiterer Beweis, wie ungesund Hausarbeit sein kann!

Eine englische Studie zeigt, daß man bereits aktiv genug ist, wenn man zweimal pro Woche außer Atem und ins Schwitzen gerät. Wenn das keine guten Nachrichten sind, meine liebe Freundin, das schaffen wir ja lässig an einem Abend bei einem atemberaubenden Thriller im Kino! Erfreulich ist auch das Ergebnis einer Untersuchung der Universität von San Diego über Männer, die an einem Aerobic-Programm teilgenommen haben. Nach neun Monaten waren über 80 Prozent von ihnen sexuell aktiver und zufriedener. Ich kann Dir also nur raten, meine liebe Freundin, schick Deinen Mann zum Aerobic, während Du es Dir Zuhause vor dem Fernseher gemütlich machst. Experimente haben bewiesen, daß allein die Visualisierung »selbst Sport zu treiben«, tatsächlich die Beschaffenheit und das Aussehen von Muskeln verbessern kann. So gesehen kannst Du sogar durch die Ersatzbeschäftigung »Sport im Fernsehen schauen« ein bißchen Nutzen ziehen. Ich persönlich glaube ja, daß auch Träume von sportlichen Aktivitäten und Bewegungen einen ähnlichen Effekt haben.

Stephen Twigg, Autor der »Kensington Diät«, rät allen, denen keine sportliche Aktivität oder Bewegungsart einfällt, die Spaß macht, einfach öfter das zu machen, was man ohnehin schon tut. Mit anderen Worten: Man wählt eine Reihe von Tätigkeiten aus, mit denen man sich pro Tag etwa zusätzlich 10 % mehr als sonst bewegt. Das könnte zum Beispiel Laufen, Golf, Schwimmen, Fahrradfahren, Yoga, Tai Chi, Sex, Saubermachen und Putzen sein. Den Fußboden wienern, das Auto polieren und die Fenster putzen, das sind alles gute Körperübungen. Außerdem kann man sich anschließend auch noch an dem blitzsauberen Ergebnis dieser Körperertüchtigungen erfreuen.

Für alle, die noch ein paar Kalorien auf angenehme Weise verlieren wollen, hier ein paar Anregungen zum täglichen Kalorienverbrauch:

100 Kalorien verbrennen bei ...
71 Minuten telefonieren
62 Minuten rumstehen und Löcher in die Luft gucken
59 Minuten Skat oder andere Kartenspiele
50 Minuten schminken
20 Minuten lang jemandem die Hand schütteln
10 Minuten zu deutschen Schlagern tanzen
9 Minuten leidenschaftlich küssen
5 Minuten Sex

Man kann also mit regelrechtem Nichtstun und großer Bequemlichkeit täglich an die 2000 Kalorien verbrauchen. Schon Margo Lion, eine große Diseuse, sang in den dreißiger Jahren: »Ich esse nicht, ich trinke nicht – ich schminke mich.«

Warnung
Männer bitte nicht weiterlesen!

# For Girls Only

Bei einigen Bereichen im täglichen Leben, sind wir Frauen ganz auf uns selbst gestellt. Welcher Mann könnte jemals verstehen wie wir uns während unserer kritischen Tage fühlen? Männer kennen keine Probleme wie die eines zu großen Busens. Sie zerbrechen sich nicht den Kopf über den Nachwuchs oder den Haushalt und eher selten machen sie sich Gedanken über ihr Äußeres, Make-up, Frisuren, Mode, Schuhe oder Handtaschen. Männer haben höchstens Sorgen, wenn die Haare ausfallen, der Penis zu klein, das Auto nicht groß genug ist und die Ehefrau mehr verdient als sie selbst. In vieler Hinsicht trennen uns einfach Welten.

## Die befreiende Frauenhygiene

Die kritischen Tage voller Beschwerden, Bauchweh, Unwohlsein, und Hypersensibilität sind ein ewiges monatlich wiederkehrendes Übel. Die Hersteller von Monatshygieneartikeln – es sind sicher vorwiegend Männer! – haben sich auf diesem Gebiet bis heute nicht sehr kreativ gezeigt. Sind sie jedoch selbst betroffen, wie beispielsweise im Bereich der Kondomproduktion, lassen sie ihrer Phantasie freien Lauf. Wer kennt sie nicht, die lustigen bunten Gummis mit Hasenohren, Weihnachtsmännern und Haifischen. Slipeinlagen und Tampons hingegen sehen seit Jahrzehnten gleich langweilig aus. Für mich ein Grund, mich intensiv mit einer zeitgemäßen Entwicklung der Frauenhygiene zu befassen. Meine Erfindungen, das TAMPON 2000, die Slipeinlage LECK MICH und die wunderbare URINELLA, die moderne Pinkelhilfe für die Frau, die gerne ihren Mann steht, sorgen seit Jahren für Begeisterungsausbrüche in der Damenwelt. Nur Hersteller halten sich bedeckt und kommen mit Ausreden wie »Dafür können sich Frauen nicht begeistern.« Von wegen! Welche Frau möchte im Hygienebereich nicht das Beste?

### *Das TAMPON 2000*

Herkömmliche Tampons halten oft nicht was sie versprechen. In Werbespots liegen sie bei diversen Testomonials gut in der Hand, doch am eigentlichen Bestimmungsort versagen sie häufig nur allzu kläglich. Kein Wunder! Wie soll ein hygienisches Hilfsmittel, das von männlichen Konstrukteuren entwickelt wurde, auch weibliche Bedürfnisse befriedigen können? Das TAMPON 2000 aus dem Hause Petra Perle hingegen ist der neue Weg zur Befriedigung und Befreiung auf dem Monatshygienesektor.

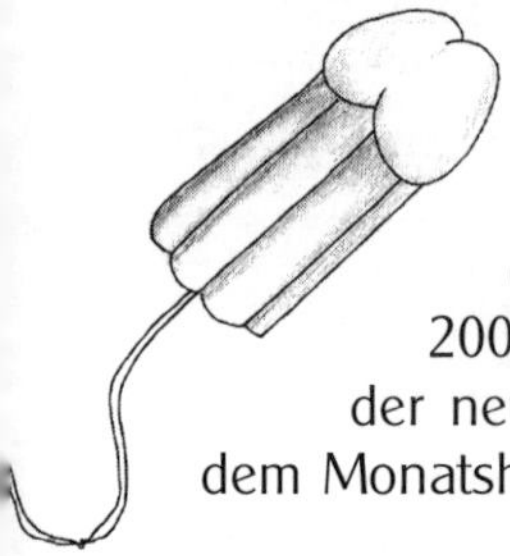

Das TAMPON 2000 besticht durch seine rosa Farbe und durch seine natürliche Form. Es ist eine naturgetreue Nachbildung eines Prachtexemplars des männlichen Penis. Die tamponierte Ausgabe dieses sekundären Geschlechtsmerkmales verleiht jeder Damenphantasie Flügel. Bereits beim ersten Mal ist der entscheidende Unterschied zu herkömmlichen Tampons deutlich zu spüren. Das TAMPON 2000 ist aus biologischer Baumwolle und sehr gut verträglich. Wenn es Flüssigkeit aufnimmt, wird es größer und trägt so sanft zum Wohlbefinden und zur Sicherheit bei. Ich selbst fühle mich nach jahrelangen Selbstversuchen mit dem TAMPON 2000 sehr ausgefüllt, zufrieden und entspannt. Übrigens: Für Vegetarier gibt es alternativ die Fruchtkollektion in den Formen Banane, Gurke, Möhre und Spargel.

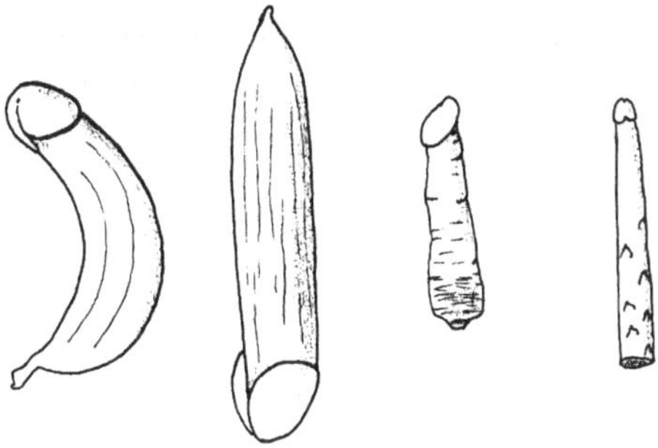

Aber auch für die Damen, die eine Binde bevorzugen, habe ich eine ebenfalls interessante Alternative zu den herkömmlichen Produkten entwickelt.

***Die Damenbinde LECK MICH***

Sauber wie geleckt – am besten jeden Tag. Das ist bei der modernen Damenbinde von Petra Perle oberste Prämisse: Diese Slipeinlage gibt jeder Frau das angenehme Gefühl von Frische und Frühling. Die erste Damenbinde in Zungenform hält was sie verspricht. Sie sieht nicht nur sehr lecker und appetitlich aus, sie fühlt sich auch unvergleichlich gut an.

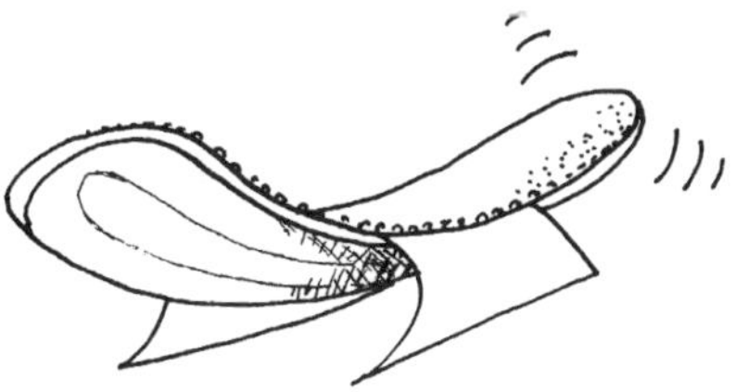

LECK MICH sitzt dank der körpergerechten Formgebung perfekt in jedem Slip. Mit den praktischen Auslaufflügeln an den beiden Längsseiten gibt sie rund um die Uhr Sicherheit. Sie sitzt rutschfest bei jedem Schritt, da sich diese wunderbare Slipeinlage dem Körper perfekt anpaßt. Man sieht sie nicht, aber Frau spürt sie. LECK MICH ist die interessanteste Erfindung seit Frauen menstruieren!

Diese Damenbinde gibt es selbstverständlich auch aus 100% biologischer Zellwolle. In Fachkreisen wird sie deshalb auch BIO-LECK genannt. Die dezente Farbgebung erhält das Produkt durch eine schonende Tönung mit Rote-Beete-Saft, was auch bei Dauergebrauch nie zu allergischen Hautreaktionen oder Hautausschlag führte.

### *Die URINELLA*

Das letzte Privileg der Männer, sich von flüssigen Ballaststoffen im Stehen zu erlösen – also im Stehen zu pinkeln – wird endlich auch von der Damenwelt erobert! Mit der wunderbaren URINELLA, kann die Dame von Welt wo sie geht und steht diesem vorbildlichen Beispiel folgen.

»Wie angenehm!« wirst Du denken und damit hast Du auch völlig recht. Keine Angst mehr vor unsauberen, ekelerregenden Toiletten auf Reisen und unterwegs, kein unfreiwilliger Körperkontakt mehr mit vollgespritzten Klobrillen in Restaurants und öffentlichen Sanitäranlagen. Das ist Schnee von gestern. Die URINELLA, eine Art gefaltetes Dreieck aus wasserfestem, umweltfreundlichen Material, hilft lässig über diese Handicaps hinweg. Die Anwendung ist kinderleicht – Du hältst die URINELLA in der Hand und drückst sie zärtlich an den Schritt. Jetzt mußt Du eigentlich nur noch zielen. Das ist einfacher, als Du denkst, und Du wirst Dich wundern warum das von so wenigen Männern beherrscht wird. In Holland sind übrigens viele öffentliche Pißbecken mit einer Fliege im Porzellan ausgestattet, um Männer spielend zur zielgerechten Entleerung zu erziehen. Auch Du kannst jetzt mit der URINELLA bewaffnet in die Herrentoiletten dieser Welt gehen. Da ist manchmal wirklich was geboten! In Gay-Kneipen wirst Du feststellen, daß sich hier die Menschen auf eine liebevolle und zutrauliche Art wesentlich schneller näherkommen. Lasse Dich davon nicht irritieren.

Die gesamten Petra Perle Hygieneprodukte konnte ich bereits als Prototypen bei Jürgen von der Lippe in der Sendung »Wat is« präsentieren, wo sie stürmischen Applaus bekamen. Leider sind das TAMPON 2000 und die Binde LECK MICH noch immer nicht im Handel erhältlich. Aber ich verspreche Euch, ich werde mich weiterhin bemühen, diesen Mißständen Abhilfe zu schaffen. Die Erfindung der URINELLA hingegen wurde mir inzwischen einfach geklaut und ist bereits auf dem Markt. Der Hersteller hat sich übrigens bei mir gemeldet und mir eine Kooperation angeboten – er hatte wohl ein schlechtes Gewissen. Zurecht!

Bleiben wir gleich bei einem typischen Frauenthema, der Figur. Hier diktieren Männerwünsche und Medien, wie der ideale weibliche Körper auszusehen hat. Vorsicht meine Damen, machen Sie da nicht mit, es endet meist in schweren gesundheitlichen Schäden.

## Lust und Last

Was für den Mann oft das pure Vergnügen ist, kann für uns eine lebenslange Last sein. Für mich als Frau, die mit großem Busen lebt, ist es nicht nachvollziehbar und ziemlich unverständlich, wie sich Jahr für Jahr mehr Frauen unters Messer legen, um sich die Brust vergrößern zu lassen. Natürlich: Die Macht der Mega-Titte ist nicht zu verleugnen. Die Werbung verkauft nach wie vor mit den beiden Hauttaschen, die mit Drüsen und Fett, öfters allerdings mit Silikon gefüllt sind, alles. Sogar Autos! Hier gilt: Je größer das Körbchen, um so größer der Gewinn. Die daran richtig verdienen sind allerdings nicht die Frauen. Da stimmt doch was nicht!

Bitte, meine Liebe, entwickle keinen falschen Ehrgeiz, wenn es um die Größe Deiner Brüste geht. Eine Operation ist ein Eingriff in Deine persönliche Aura, in Dein intimes Ich. Einem Schönheitsideal auf diesen gefährlichem Wege zu folgen, das hat keine moderne Hausfrau nötig.

Eine große Brust hat sowieso überwiegend Nachteile für ihre Besitzerin: Auf dem Bauch liegen und schlafen ist unangenehm, schnelle Bewegungen wie Laufen und Springen kannst Du vergessen. Noch gibt es kein wirklich wirkungsvolles »Geschirr«, das die Möpse im sportlichen Gleichgewicht hält. Und Hetero-Männer sehen Dir im Gespräch nie in die Augen.

Ein Busenwunder trägt nicht leicht – bis zu 6 Kilo! Da möchte ich mal einen Mann sehen, der das mitmacht... Der Bleistifttest bringt dann ans Licht, wie es wirklich um die Oberweite bestellt ist: Stift unter die Brust klemmen, Arme hoch – und wenn er dann stecken bleibt, lautet das brutale Ergebnis: Hängebusen!!

Ganz ehrlich: Eine Handvoll würde mir vollkommen genügen, aber anscheinend habe ich bei der Verteilung gleich dreimal »HIER« gerufen. Und auch anerkannte Schauspielerinnen wie zum Beispiel Sophia Loren, Gina Lollobrigida oder Dolly Dollar, die einmal den Titel »Busenwunder« verpaßt bekommen haben, verlieren diesen »Ehrentitel« ihr ganzes Leben nicht mehr. Wahrscheinlich würde die Presse uns am liebsten noch einen Grabstein mit der Aufschrift verpassen. »Hier ruhen die bekanntesten Titten der Welt« – denn auch ich wurde schon mal mit so einem Namen in einer Wochenzeitung tituliert!

Auch das ewige Gedöns um die schlanke Figur habe ich satt. Heterodödel à la Al Bundy wollen schlanke Monster und Tittenweiber. Schwule Modefuzzis mit und ohne Pferdeschwanz schneidern für ihre persönlichen Idealvorstellungen, wie ein weiblicher Körper auszusehen hat: halbverhungert, knabenhaft und junkiemäßig. Ein abschreckendes Beispiel zeigte die Sonderbeilage eines Bestellkataloges im Frühjahr 1998: Ein Mädchen, das Bademode vorstellt, ist so dürr, das es beim Umblättern nicht raschelt, sondern klappert!

»Ohne uns« müßte als lauter Aufschrei um die Welt fegen! Laßt euch das nicht länger gefallen. Boykott – wo immer möglich. Eine echte Hausfrau 2000 hat diesen Trendquatsch nämlich nicht nötig. Wir quälen uns und unseren Körper nicht, nur um einem Schönheitsideal zu entsprechen, das uns von der Industrie auferlegt wird – derselben Industrie übrigens, die daran Milliarden verdienen will. Liebe Freundin, ohne uns!

## Ich will so bleiben wie ich bin!

Auf die Tyrannei, die Diäten mit sich bringen, können wir locker verzichten. Bekenne Dich zu Deinem Äußeren: Eine Persönlichkeit wie die Hausfrau 2000 macht immer eine gute Figur, egal ob sie dick oder dünn ist. Bist Du dürr, lang oder knabenhaft, orientiere Dich an Barbie und Ken. Hast Du eine üppige Figur, zwänge Dich nicht gewaltsam in Kleidungsstücke für Magersüchtige. Stehe zu barock, weich und weiblich.

Mit meiner »Ich will so bleiben wie ich bin-Diät« wird der Traum vom Idealgewicht endlich wahr. Immer schön locker bleiben, Mädels. Dein Körper sagt Dir schon was er braucht und was nicht. Du mußt nur lernen auf ihn zu hören. Nimm seine Zeichen wahr, und wenn Dich eine Sahnetorte anlacht, dann lach zurück und iß sie auf. »Hmm... lecker!«

Diät muß nicht sein, außer Du gefällst Dir selbst nicht, oder hast wirklich gesundheitliche Probleme durch Dein Übergewicht. Dann ist eine Untersuchung der Schilddrüse sinnvoll. Eine Fehlfunktion dieses Organs beeinflußt den Stoffwechsel und ist oft die Ursache bei Gewichtsproblemen. Wenn Du aus diesen Gründen an Diät denkst, versuche es mit Trennkost. Das kommt von trennen, so wie Du auch den Müll trennst. Das Prinzip ist ziemlich ähnlich auf alle Lebensmittel zu übertragen. Ein gutes Buch mit vielen Tips zu einem rundum lebenslustigen und individuellen Leben ist »Die Kensington Diät« von Stephen Twigg. Sie führte ihren Siegeszug durch alle Frauenzeitschriften, weil ihr wirkungsvolles Prinzip die Reduktion auf eine Sache, also Kohlenhydrate oder Eiweiß, bei der Gewichtsregulierung absolut wirksam ist. Mit diesem Ernährungs- und Lebensprogramm hat auch Lady Diana ihre Eßprobleme in den Griff bekommen. Ich habe diese Diät selbst an meinem Mann und meiner Freundin getestet, beide sind gertenschlank geworden. Ich kann die Trennkostdiät also mit besten Gewissen empfehlen.

Ansonsten mach es Dir zur täglichen Aufgabe, kein Gramm abzunehmen. Bloß keinen Sport (Du weißt ja: Sport ist Mord) oder übernatürliche Anstrengung (Fitness-Studio – O Schreck!). Das tägliche Leben verbraucht Kalorien genug. Wußtest Du, daß beispielsweise das tägliche Aufstehen 6 Kalorien verbraucht, mit dem falschen Fuß sogar 203 Kalorien?

## Verliebt, Verlobt, Verheiratet

Wer ist schon gerne alleine? Wir alle wünschen uns einen Partner, für gute und schlechte Zeiten. Aber das ist nicht immer so einfach. Viele haben Glück und treffen ihren Traummann zufällig in der U-Bahn, beim Einkaufen, im Urlaub oder auf einer Party. Was aber tun, wenn er auf sich warten läßt? Wie schön wäre es, wenn sie im Supermarkt in den Regalen stehen würden – schön sortiert nach Größe und Haarfarbe, mit einem kleinen Zettel an der Hand, der ihre besonderen Leistungsmerkmale beschreibt. Schwupp, Du suchst Dir einen aus, nimmst ihn mit nach Hause – und bei Nichtgefallen tauscht Du ihn einfach um!

*Bist Du einsam – heut Nacht,*
*hast dem Wein zugelacht,*
*gibt es keinen, der Dich liebt, wie Du bist?*
*Der Dir Türen aufhält, mit Dir Pizzas bestellt,*
*der Dich krault und massiert, bis Du schläfst?*

*Marc Winking*
Schriftsteller, 1998

Meine Liebe, bis es soweit ist, solltest Du keine Möglichkeiten ungenutzt lassen, um den Traummann zu erwischen. Was aber kannst Du tun, um dem Glück auf die Sprünge zu helfen? Auf jeden Fall nicht zu Hause bleiben und warten, bist einer an Deiner Tür klingelt. Misch Dich unters Volk! Im Supermarkt oder bei Demonstrationen, im Jodelkurs aber auch bei Lesungen an der Universität, beim Schlußverkauf, bei Kinobesuchen und Konzerten, in der Bäckerei und in der Metzgerei, beim Baden, im Supermarkt, in Galerien und Museen oder Abends in der Disco triffst Du auf jeden Fall viele Leute, was Deine Trefferquote bei der Suche nach dem Glück erhöht – nur Mut!

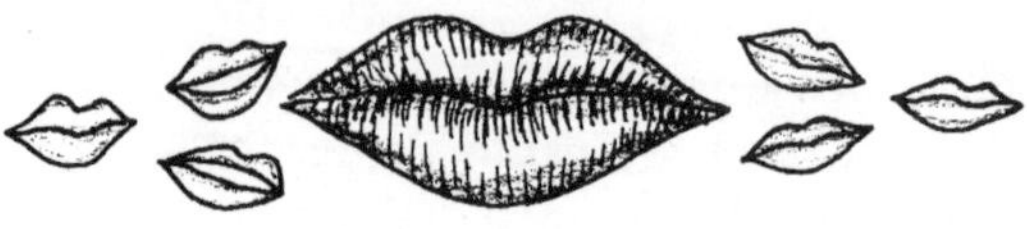

***Flirte!***

Flirten ist die schönste Nebensache der Welt... TU ES! Flirten macht Spaß, steigert das Selbstwertgefühl und beseitigt sogar langfristig Gesichtsfalten. Egal, wo Du bist, wo Du stehst und gehst – flirten kann Frau immer.

»Aber mich will doch keiner«, höre ich da die Dame in der zweiten Reihe sagen. Das ist falsch! »Für jeden Topf gibt es ein Deckelchen«, sagt der Volksmund, und da ist viel Wahres dran. Weißt Du eigentlich, wie Handelsvertreter eine Absage beim Kunden einstecken? Du glaubst, die müßten nach der fünften Pleite doch vollkommen am Boden zerstört sein? Wieder falsch! Die schlauen Herren mit der Aktentasche verlassen sich ganz auf Statistiken und Erfahrungen. Und die sagen schwarz auf weiß, daß auf zehn Kundentermine ein Verkauf kommt (bitte frag aber den Staubsaugervertreter beim nächsten Mal nicht, bei welcher Nummer er schon ist, das könnte er falsch verstehen). Und so steckt er locker neun Absagen ein, weil er weiß, rein statistisch kommt der Verkauf schon. Dermaßen beruhigt wird er seinen Saug-O-Fix dann meist auch schon bei Nummer zwei los. Also, die Statistik steht hinter uns – auf in den Kampf!

### *Der Autoflirt*

Du fährst täglich Auto und steckst oft im Stau? Vergeudete Zeit, in der man viel Sinnvolles tun könnte, nicht wahr? Dann tu es! Eine Freundin von mir, die auf diesen Gebieten sehr bewandert ist, hat für den Berufsverkehr immer ihre Grußkarten im Auto. Sie hat sich eine ganze Sammlung angelegt, mit einer praktischen Spiralbindung versehen und somit immer einsatzbereit. Auf den Karten finden sich – in großer, leserlicher Schrift – kleine Kontaktsätze für den netten Fahrer im Auto neben ihr: *Mach mal Pause – Gehen wir Kaffetrinken? – Nicht ärgern! – Smile! – Ja – Nein – Meine Telefonnummer ist: ......* und, falls es außer Kontrolle gerät: *Küß meine Stoßstange, Dummkopf!* Deiner Phantasie sind da keine Grenzen gesetzt. Du wirst sehen, wie amüsant der Berufsverkehr sein kann. Übrigens funktioniert dieses Spiel auch gut in U-, S- und Straßenbahn – allerdings mit größerem Publikum.

### *Schenk doch mal was!*

Sobald Du einen Mann siehst, der für Dich interessant sein könnte (ich meine faszinierend, nicht Leute mit unterschiedlich langen Gliedmaßen), dann schenk ihm einfach etwas. Wenn ein Blumenladen in der Nähe ist, warum nicht? Männer sind es nicht gewohnt, Rosen zu bekommen, also laß ihn mit einer Baccara erröten. Geschwächte Opfer sind nun einmal leichter zu erlegen. Praktisch sind auch bunte Lollies mit kleinen Aufklebern: *Nasch mal wieder!* Gepaart mit einem süßen Lächeln und einem verführerischen Augenaufschlag ist das zwar sehr direkt, aber auch sehr erfolgreich. Zur Not tut's auch Deine Telefonnummer.

### *Auf den Hund gekommen*

Hast Du Freunde die einen Hund haben? Dann setze Dich sofort mit ihnen in Verbindung und freunde Dich mit dem Hund an. Wenn er sich an Dich gewöhnt hat, gehe sooft Du kannst mit ihm spazieren. Du wirst staunen wieviele Leute Du durch den Vierbeiner kennenlernst. In München gibt es im Englischen Garten und am Flaucher sogenannte Hundewiesen. Da toben dann am Wochenende die Hunde, während ihre Besitzer nett miteinander plaudern. Wenn Du einen eigenen Hund hast, um so besser. Dann hast Du täglich die Chance einen netten Tierfreund kennenzulernen.

### *Ruf doch mal an...*

Der Slogan der Telekom ist nicht so blöd, wie er daherkommt. Wozu gibt es denn all die unzähligen Hotline-

Nummern, die uns jede spannende Fernsehnacht versauen? »0190-xxx xxx«, immer mit der gleichen Melodie gesungen – ich weiß ja nicht, wie es Dir geht, aber da sollen Gefühle aufkommen? Nichtsdestotrotz, seit einiger Zeit machen sich diese vielen Nummern ja derart selbst Konkurrenz, daß die verschwindende Anzahl Frauen, die Kontaktlines nutzen, prozentual pro Line gegen Null gehen und wolltest Du nicht schon immer einmal Henne im Korb sein? Dann los, denn schließlich haben viele Anbieter ja inzwischen kostenlos 0130-Nummern für Frauen – Telefonieren zum Nulltarif. Ein Versuch kostet also nichts. Du kannst Dir eine neue Identität zulegen und diese am lebenden Mann testen. Und vielleicht lernst Du den Traummann am Telefon kennen und er wohnt auch noch in Deiner Stadt?!

### *Immer nett im Internet*

Als Hausfrau 2000 bin ich natürlich auch mit den neuen Medien vertraut, also trau auch Du Dich ruhig ins Internet. Frauen sind dort wirklich gern gesehen (kein Wunder, bei 97 % Männeranteil).

Das Internet bietet Dir verschiedene Möglichkeiten, um willige Männer zu orten. Zunächst gibt es da einmal die sogenannten »Newsgroups«, anderswo werden sie auch »Foren« (Mehrzahl von Forum) genannt. Die News sind eine Art gigantische Zeitung – größer als alle Zeitungen, die Du Dir vorstellen kannst. Der Witz an den News ist aber, daß sie von ihren Lesern selbst geschrieben werden. Die News sind deshalb in unzählige Rubriken unterteilt, für jedes Thema, das man sich denken kann, wird sofort eine Rubrik eingerichtet. Ganz egal, ob Du über deutsche Gartenzwerge, Popstars oder Kochrezepte reden willst, ob Dir das Waldsterben, Dein Übergewicht oder schmutzige Sexpraktiken am Herzen liegen – hier findest Du einen Kreis von Gleichgesinnten.

Wie bei einer Zeitung schreibst Du einfach einen sogenannten »Artikel« (ein hochtrabendes Wort für manche der dort zu lesenden Ergüsse) und hinterlegst ihn in der entsprechenden Rubrik. Auf Deinen Artikel werden im Laufe weniger Stunden bereits Antwortartikel erscheinen – oder man wendet sich direkt per E-mail an Dich. E-mail heißt Elektronische Post: Dein Computer ist der Briefkasten, wo Post an Dich landet und im Gegensatz zu den News-Artikeln auch nur von Dir gelesen werden.

Die zweite und sicherlich spannendere Möglichkeit, um mit fremden Menschen in Kontakt zu treten, nennt sich I.R.C. (Internet Relay Chat). »Chatten« heißt auf deutsch soviel wie »Schwatzen« – und das tut man dort auch. IRC ist getippte Kommunikation in Echtzeit, so wie Telefonieren über die Tastatur. Damit im IRC nicht alle durcheinander schreiben, gibt es auch hier wieder eine Aufteilung in Rubriken, die sogenannten Channels.

Mit /join #channelname kannst Du einen solchen Kanal betreten, /who #channelname listet Dir auf, welche Personen sich derzeit im Kanal befinden und mit /leave #channelname kannst Du den Kanal wieder verlassen. Alles, was Du innerhalb eines Kanals eintippst, erscheint für alle, die sich ebenfalls in diesem Kanal befinden, auf dem Bildschirm – und das sofort! Egal, ob die Teilnehmer neben Dir sitzen oder in Japan oder Australien. Magst Du Deinen eigenen Kanal einrichten, geht das auch: Mit /join #Petra Perle findest Du Dich in einem neuen Kanal wieder, den es vorher gar nicht gab: Einfach einen Namen eingeben, der noch nicht existiert. Damit Du nicht so allein hier bleiben mußt, kannst Du Dir nette Chatter einladen: /invite Rufus würde z. B. den Chatter Rufus informieren, daß Du ihn einlädst. Wenn Dir, liebe Freundin, das nun alles zu kompliziert ist: *Don't panic!* Inzwischen bieten auch viele Magazine und

Illustrierte – wie zum Beispiel die »Allegra« – innerhalb ihrer Online-Angebote Chatgroups an, die ganz einfach zu benutzen sind.

Wenn Du Lust hast, kannst Du mich auch gerne im Internet besuchen und mir schreiben. Du findest mich, bei der Beautiful Sound Company unter der E-mail-Adresse:

**perle@bscmusic.com**

Jetzt aber noch eine große Warnung – oder ein Hinweis auf ungeahnte Freuden: Nicht immer ist alles im Internet so, wie es erscheint. Noch mehr als beim Telefonspiel ist es im Internet möglich, sich komplett neue Identitäten zuzulegen. Wenn ich statt Petra Perle lieber Peter Perlmutt heißen möchte – kein Problem.

Wer soll mich schon erkennen? Manchmal schlittert man so in Situationen, die sehr merkwürdig enden können, wenn sich der Traummann plötzlich als Lesbe zu erkennen gibt oder sich hinter »Erwin, 26, Physiker« gleich fünf Studenten verstecken, die sich einen Jux machen. Und noch eines: Mach Dir keine Illusionen, bevor Du Deinen Internet-Flirt nicht persönlich getroffen hast, sozusagen in »Real Life«. Selbst

*Perfekte Verwandlung – von Petra zu Peter!*

wenn er ein »er« ist und alle Angaben stimmen – 90 % des Bildes, das Du von Deinem Internet-Partner hast, stammt von Dir, aus Deinem Kopf, aus Deinen Wünschen und Träumen. Der Mensch am anderen Ende kann ganz, ganz anders sein ... Und das führt mich direkt zum nächsten Punkt!

### *Blind Dates*

Blind Date – Verabredung mit einem Unbekannten. Warum nicht ausprobieren? Da stehst Du nun im Café, Rose im Knopfloch und Zeitung unterm Arm, auf der Suche nach »Peter, 1,80 m, schlank, sportlich, gutaussehend«. Verwirrt schaust Du Dich um, bis Du einen kleinen, glatzköpfigen, untersetzten Mann winken siehst. Wenigstens heißt er wirklich Peter ...

Zugegeben, so was passiert sogar relativ häufig. Und dennoch muß man nicht davon ausgehen, daß alle Männer, die auf Kontaktanzeigen reagieren oder sogar welche in die Zeitung setzen, auch unbedingt das schlimmste Stück Männerfleisch auf diesem Erdball sind. Du hast die Anzeige doch auch gelesen, reagiert oder gesetzt? Und Du bist durchaus hübsch, glaub es mir! Auch hier gilt wieder die Vertreterregel: »Nur nicht entmutigen lassen, wir klingeln an der nächsten Tür.«

Das, meine Lieben, sind nur ein paar Tips, um mal die Initiative zu ergreifen, bevor Du Depressionen bekommst. Die beste Möglichkeit ist aber immer noch, allen Deinen Freundinnen zu sagen, daß Du auf der Suche bist. Sie sollen Dich mit auf Parties schleppen und Dir die Freunde ihrer Freunde vorstellen.

Auch wenn ich verheiratet bin, möchte ich Dich bitten, Dich nicht zu sehr auf einen Mann oder einen festen Partner fürs

Leben zu fixieren. Je mehr man einen will, um so schwieriger ist es ihn zu finden. Du kannst auch ohne Mann ein tolles Leben führen und Dich in der Zwischenzeit um Dich und Deine Träume kümmern. Auch ein Leben als Single hat Vorteile. Du hast keinen Beziehungsstreß, mußt Dich nicht ärgern, kannst so lange schlafen wie Du willst, kannst im Fernsehen sehen was Du willst, kannst so lange ausgehen wie es Dir Spaß macht, mußt nicht permanent gut drauf sein, kannst in den Klamotten rumlaufen, die Dir gefallen und mußt nicht für den Liebsten jeden Tag kochen. Alles hat seine Vor- und Nachteile!

## Vorsicht Mann!

Männer können unser ganzes Glück, aber auch unser ganzes Elend sein. Einige Elend-Exemplare tarnen sich so geschickt, daß wir Frauen, wenn wir die Tarnung nicht rechtzeitig erkennen, leicht in eine Falle rennen können. Manche Frauen schaffen es oft ein Leben lang nicht, sich daraus wieder zu befreien. Wie oft lesen wir in den Zeitungen von mißhandelten Frauen oder Amokläufern, die ganze Familien auslöschen, von Eifersuchtsdramen, Habgier, Streß, Geldsorgen. Hinter den häuslichen Kulissen tobt oft der Krieg. Und am Anfang war doch die große Liebe und die Hoffnung, er könnte es sein. Aber wie leicht kann man sich täuschen.

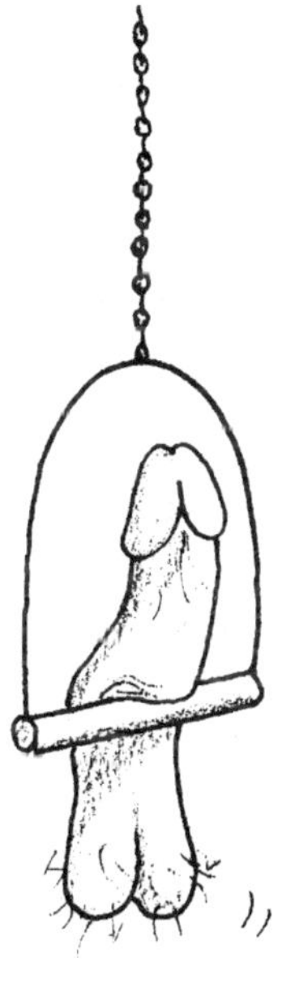

## *Nichts überstürzen!*

Gehen wir aber nun erst einmal davon aus, Du denkst ihn gefunden zu haben, den Mann fürs Leben. Ihr turtelt den ganzen Tag wie zwei verliebte Täubchen, streicht euch nicht nur im übertragenen Sinne Honig ums Mäulchen und könnt gerade mal lang genug den Blick vom Körper des anderen nehmen, um beim Überqueren der Straße nicht vom Bus angefahren zu werden. Das junge Glück! Doch halt – vernehmen meine zarten Ohren nicht unheilschwangere Worte, erzittert die Luft nicht von Verben wie »Zusammenziehen«, »Heiraten« und »Kinder kriegen«? Vorsicht, nichts überstürzen! Ich habe da so meine ganz eigene Theorie über den Verlauf von Beziehungen aufgestellt: 6 Wochen, 3 Monate, 6 Monate, 1 Jahr, 2 Jahre, 7 Jahre – das sind die wesentlichen Zeitpunkte, zu denen eine Partnerschaft hart an ihre Grenzen geführt wird.

Nach sechs Wochen ist in der Regel die erste »heiße« Phase des Verliebtseins vorbei. Spätestens aber nach drei Monaten ist der erste Zauber verflogen, die rosarote Brille landet wieder in der Schublade, und das erste Mal sieht man, daß Mr. Perfect doch so ein oder zwei Macken hat (sei beruhigt, es sind noch mehr). Falls Du es genauer wissen willst, überprüfe seine Unterhosen. An dem jeweiligen Modell erkennst Du sofort, welchen Typ Du Dir geangelt hast.

Hat man auch diese Phase geschafft, kommt man nach sechs Monaten an den Punkt, wo das Alltagsleben (das graue) das Kommando wieder übernimmt – der Partner ist schuld, daß der Wecker nicht gestellt war, der Kühlschrank leer und die Küche verdreckt ist, im Waschbecken Haare und Zahnpasta kleben, oder man geht sich bereits gehörig

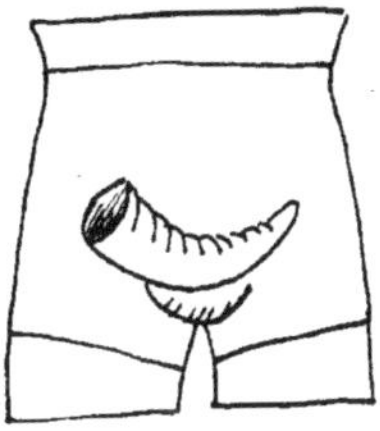

1 Meister

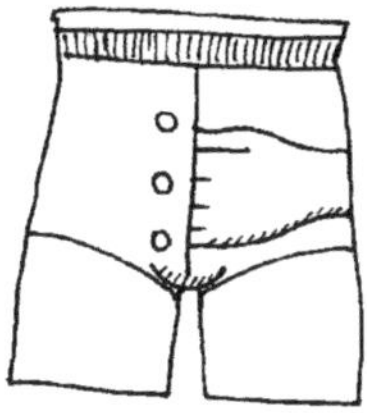

2 Napoleon

3 Hautnah

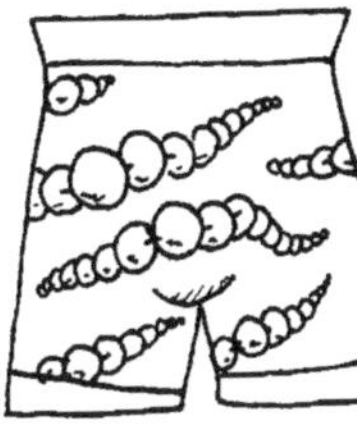

4 La Perla

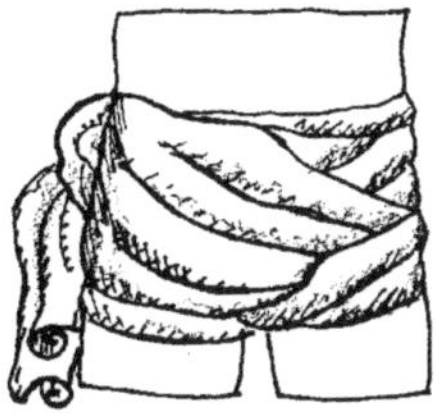

5 Christi

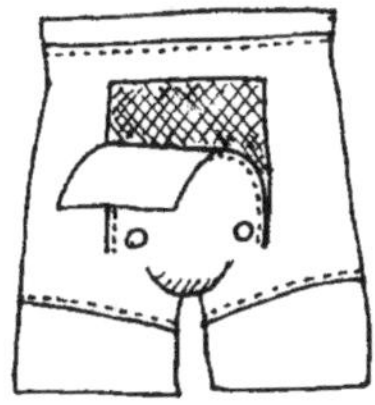

6 Welcome

7 Flower Power

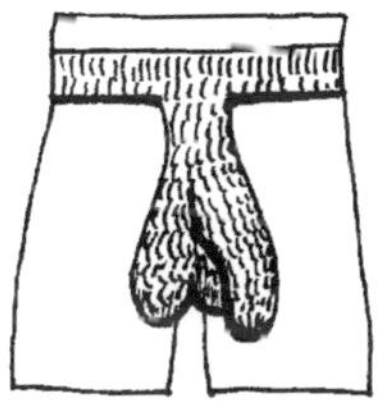

8 Flop

9 Winnetou

**Männerunterhosen und ihre Bedeutung**

1 *Der Mann ist zum Meister geboren*
2 *Herrschsüchtiger Charakter*
3 *Ein Mann mit Cellulitisproblemen*
4 *Er hält, was er verspricht*
5 *Der Märtyrer*
6 *Er ist allzeit bereit*
7 *Ein Hippie mit Lebenslust*
8 *Versager müssen sich warm anziehen*
9 *Naturverbunden und freiheitsliebend*

10 Wilde one

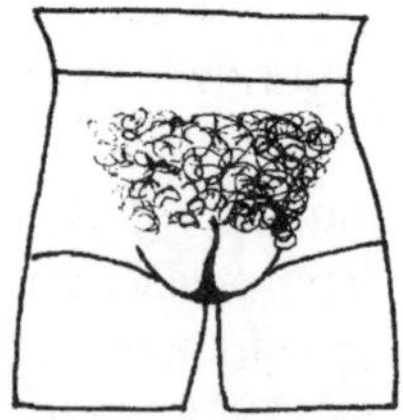

11 Like a Virgin

12 Waidmannsheil

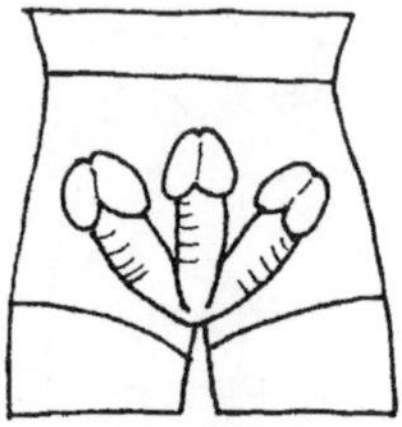

13 Porsche

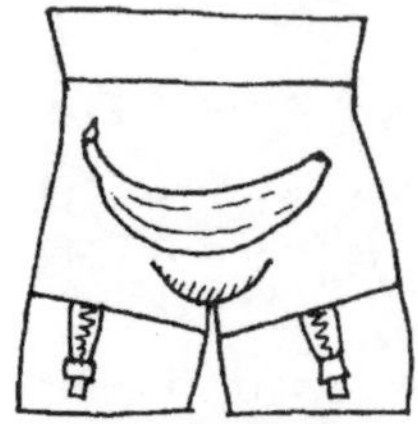

14 Warhol

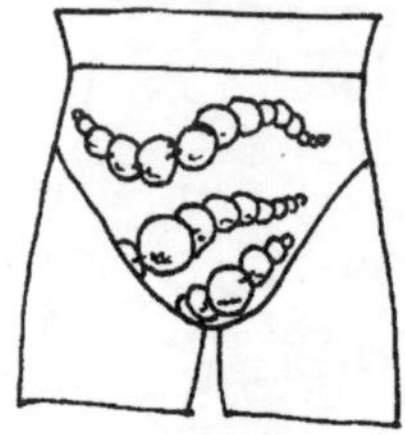

15 Megaperls

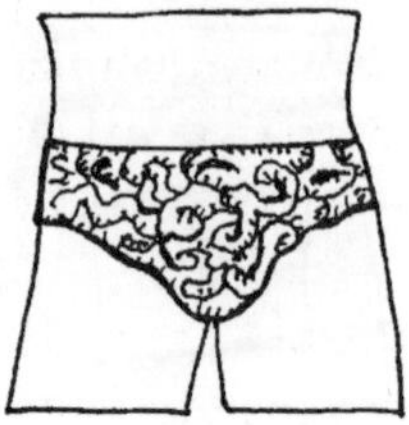

16 Mann-oh-Mann

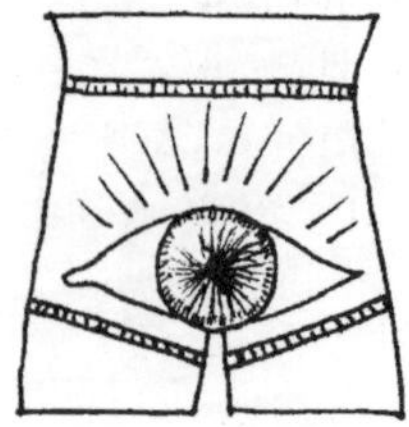

17 Augenblick

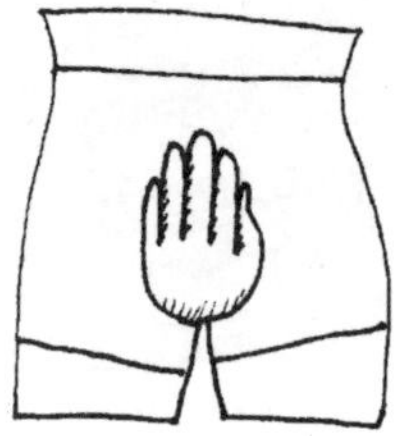

18 Help

**Männerunterhosen und ihre Bedeutung**

10 *Männlich und stark*
11 *Eher der weibliche Typ*
12 *Ein g'standenes Mannsbild*
13 *Vorsicht, Potenzprobleme*
14 *Der Homosexuelle*
15 *Ein Mann mit Ausdauer*
16 *Er denkt nur an Sex*
17 *Der komplexbeladene Egozentriker*
18 *Er braucht Halt im Leben*

auf den Geist. Der Traummann zeigt Dir plötzlich nicht nur seine Schokoladenseite. Irgendwie scheint er doch nicht das Gelbe vom Ei zu sein.

Nach dieser Feststellung kommt es in der Regel zu einem handfesten Krach, der sich gewaschen hat. Jetzt ist es wichtig festzustellen, was die wirkliche Ursache für den Streit war. Eine banale Kleinigkeit oder eine bislang unbekannte Eigenschaft, die Dich nervt, verletzt oder Dir sogar Angst einjagt.

## *Eifersucht ist eine Leidenschaft, die mit Eifer sucht, was Leiden schafft*

Eifersucht ist in dieser ersten Zeit ein sehr häufiger Grund für Streitereien. Nach der ersten Verliebtheitsphase, will man auch mal wieder seine Freunde treffen und sehnt sich nach Abwechslung. Genieße den Abend ohne ihn und räume euch beiden diese Freiheit ein. Das Zusammenleben zweier Menschen ist auf einen Faktor aufgebaut, der »Vertrauen« heißt.

Wehe aber, wenn er Dein Vertrauen mißbraucht und Du ihn beim Seitensprung erwischt. Das kann in sieben Jahren Ehe mal passieren, aber nach sechs Monaten heißt es gnadenlos: und tschüß!

## *Arbeitsscheue und Größenwahnsinnige*

Vorsicht auch, wenn er geschickt auf Deine Kosten lebt und Du beim Einkaufen oder Ausgehen immer den Geldbeutel zücken mußt. Eine Lederjacke, ein gemeinsamer Urlaub, ein Auto, und, und, und. Je größer die Summen werden, die er sich von Dir leiht, um so achtsamer muß Du werden. Wenn er Dich jetzt, abgebrannt wie er ist, auch noch schnell heiraten will und Dir das Blaue vom Himmel verspricht, zum Beispiel, daß er einen todsicheren Job in Aussicht hat, ist allerhöchste Vorsicht geboten. Was ist wirklich mit ihm los? Arbeitslos, arbeitsscheu oder hoch verschuldet?

Schiebe erst mal den Riegel vor den Geldspeicher und teste, was passiert. Wenn er Dich bedrängt und nichts tut, um die Situation zu ändern, trenne Dich so schnell wie möglich von ihm. Auch wenn es umgekehrt sein sollte und Du mit Geschenken überhäuft wirst und Dein Liebster mit Geld nur so um sich schmeißt, mußt Du aufpassen. Stelle auf jeden Fall fest, woher das Geld kommt. Verschwendungssucht und Konsumrausch können schnell gefährlich werden. Ein Bankrott ist bei diesem Typ keine Seltenheit.

### *Alarmstufe: Rot*

Die Alarmglocke muß gewaltig bei Dir läuten, wenn Du feststellt, daß Dein Liebling öfter mal einen über den Durst trinkt, laut grölend durch den Hausflur torkelt und Dir gegenüber dann ausfallend oder sogar aggressiv wird. Massiver Alkoholkonsum ist nicht nur gesundheitsschädlich, er ist absolut zerstörerisch! Die Abhängigkeit von der Flasche oder auch von harten Drogen ist ein Teufelskreis aus tieferliegenden Problemen, denen man selten aus eigener Kraft entfliehen kann. Hier hilft kein Mitleid, sondern nur eine fachärztliche Betreuung! Verweigert Dein Partner in so einem Fall ärztliche Hilfe und schwört auf Besserung, glaube ihm nicht und verlasse ihn sofort, bevor ein Unglück geschieht.

## Drum prüfe, wer sich ewig bindet...

Aber wollen wir der frischen Liebe doch erst einmal eine Chance geben. Der erste handfeste Krach geht vorbei, und wenn ihr euch versöhnt, hast Du ja erstmal wieder sechs Monate lang Ruhe. Außer natürlich, ihr zieht schon jetzt zusammen und geht Euch auf zwölf Quadratmetern 24 Stunden am Tag auf die Nerven. (Kleiner Tip: Wenn ihr schon unbedingt eine Wohnung teilen wollt, dann braucht ihr mindestens drei Zimmer – das hört sich unwichtig an, ist aber eine Lebensweisheit, die man schnell erkennt, wenn man sich in einem oder zwei Zimmern ständig auf die Füße tritt. Jeder braucht seine eigene kleine Ecke, die er gestalten kann, wie er es mag und in der er machen kann, was ihm gefällt.) Auch wenn dieser Tip nur in Klammern steht, merke ihn Dir – im Liebeswahn vergißt man ja gern die kleinen Weisheiten des Lebens.

Wie aber »prüfen« wir denn unseren Liebsten, ob er wirklich ein Schatzi ist? Wir können ihn ja schlecht einem Test unterziehen: Bei 90 von 100 Punkten bleiben wir bei ihm, ansonsten darf er gehen – oder?

Nun, natürlich können wir ihn auf Herz und Ausdauer testen – er sollte nur tunlichst nichts davon merken! Männer sind sofort eingeschnappt, wenn sie spüren, daß etwas hinter ihrem Rücken im Gange ist. Für alle Männer, die diese Zeilen lesen: Wer so emanzipiert ist, sich ein Buch für Hausfrauen zu kaufen, braucht sich nun wirklich nicht angesprochen fühlen – Du gehörst schon jetzt zu den Ausnahmen.

Ein sicheres Mittel den Herzallerliebsten zu testen, ob er Dich auch wirklich liebt, ist der Schatzitest.

# DER GROSSE SCHATZI-TEST

| | ja | nein |
|---|---|---|
| Kuschelt er morgens mit Dir? | ❑ | ❑ |
| Darfst Du immer zuerst unter die Dusche? | ❑ | ❑ |
| Kannst Du dort auch über eine Stunde verbringen? | ❑ | ❑ |
| Duscht oder badet er mit Dir? | ❑ | ❑ |
| Küßt er Dich zum Abschied, bevor er das Haus verläßt? | ❑ | ❑ |
| Ruft er Dich untertags mal aus dem Büro an? | ❑ | ❑ |
| Fragt er Dich, ob er für Dich einkaufen soll? | ❑ | ❑ |
| Lädt er Dich ab und zu zum Essen ein? | ❑ | ❑ |
| Kocht er ab und zu für Dich? | ❑ | ❑ |
| Erspart er Dir schwere Schleppereien, beispielsweise Getränkekisten? | ❑ | ❑ |
| Denkt er an Deinen Geburtstag? | ❑ | ❑ |
| Macht er Dir ab und zu Überraschungsgeschenke? | ❑ | ❑ |

| | ja | nein |
|---|---|---|
| Verzichtet er Dir zuliebe auf die geliebte Sportschau? | ❑ | ❑ |
| Bringt er Dir ab und zu das Frühstück ans Bett? | ❑ | ❑ |
| Kümmert er sich um Dich, wenn Du krank bist? | ❑ | ❑ |
| Macht er Dir hin und wieder Komplimente? | ❑ | ❑ |
| Merkt er, wenn Du Sorgen hast? | ❑ | ❑ |
| Fällt es ihm auf, wenn Du beim Frisör warst? | ❑ | ❑ |
| Kannst Du bestimmen, wohin es im Urlaub geht? | ❑ | ❑ |
| Liebt er Dein Stofftier wie seine eigene Tochter? | ❑ | ❑ |
| Hilft er Dir im Haushalt? | ❑ | ❑ |
| Stellt er Dich seinen Freunden vor? | ❑ | ❑ |
| Gibt er Dir seinen Hausschlüssel? | ❑ | ❑ |
| Will er täglich mit Dir schlafen? | ❑ | ❑ |
| Akzeptiert er, wenn Du alleine ausgehen willst? | ❑ | ❑ |
| Ist er Dir gegenüber höflich und zuvorkommend? | ❑ | ❑ |
| Lenkt er nach einem Streit wieder ein? | ❑ | ❑ |

***Auflösung:***

Hast Du nur Kreuze bei ja, dann herzlichen Glückwunsch. Du hast ein absolut seltenes Exemplar erwischt. Halte ihn fest und laß ihn nie wieder gehn.

Hast Du überwiegend Kreuze bei ja, dann hast Du ebenfalls das Glück, einen fast perfekten Schatzi gefunden zu haben.

Hast Du bis zu 10 Kreuze bei nein, heißt es Achtung. Du mußt massive Erziehungsmaßnahmen ergreifen.

Hast Du mehr als 17 Kreuze bei nein, sag Adio und gib ihm den Laufpaß.

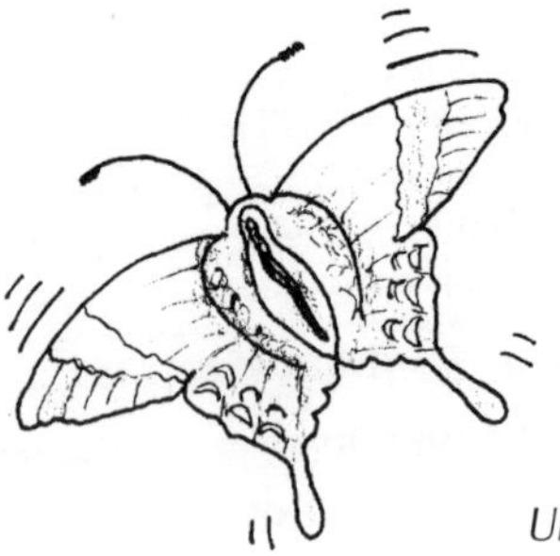

*Und tschüß!*

## Sex & Lügen

In jeder Beziehung spielt Sex eine große Rolle. Sex ist wichtig und schön wird aber meiner Meinung nach besonders in den Medien völlig überbewertet und entzaubert. Auch hier kann gelten: Weniger ist Mehr. Wer ein glückliches Lustleben genießen darf, muß es nicht an die große Glocke hängen oder damit angeben. Und was ein glückliches Sexleben bedeutet, weißt Du ja sicher am besten. Aber vergiß nicht: Ein Mann ist immer nur so gut im Bett, wie seine Lehrmeisterin und sein bestes Stück.

### *Die Penis-Lüge*

Hartnäckig wird die große Penis-Lüge am Leben erhalten – von wem, muß ich Dir ja wohl nicht mehr sagen... Die vorwiegend männliche Presse trägt einen Hauptteil dazu bei, daß dieses Gerücht ständig genährt und bestätigt wird. Das fängt bei Dr. Sommer an und hört bei Beate Uhse noch lange nicht auf. Es stimmt einfach nicht, daß die Größe eines Penis beim Sex nicht wichtig ist!

Die Größe ist das A und O eines lustvollen Geschlechtsaktes. Ein zu klein geratener Penis ist nicht zu spüren und zu fühlen: Was, bitteschön, haben wir also davon? Nichts! Jeder Dame kann es mal passieren, daß sie einen solchen Winzling (ich nenne diese traurigen Mißbildungen liebevoll »Eddi«) aus Versehen mit nach Hause nimmt. Sie wird vor nackte Tatsachen gestellt und soll sich auch noch darüber freuen? Ich schlage vor, daß die Penislänge – in erregtem Zustand – in den Ausweis eingetragen wird. Wie praktisch wäre das! Penisverlängernde Apparaturen werden in Fachzeitungen angeboten und sollten von betroffenen Männern auf jeden Fall in Anspruch genommen werden. Ein operativer Eingriff ist, vorausgesetzt er gelingt, immer eine Bereicherung für alle Beteiligten. Auch sollten Frauen offen darüber sprechen (nicht tratschen, sondern aufklären!), welche Männer auf den Gebiet von Mutter Natur so schlecht ausgestattet wurden, damit nicht andere Frauen auch in diese Enttäuschungsfalle stöckeln.

Solltest Du, liebste Freundin, Dich gerade in einen »kleinen« Mann verliebt haben: *Don't panic!* Männer mit dem Eddi-Syndrom können einer Frau mit anderen Körperteilen als ihrem »besten Stück« trotzdem viel Freude bereiten, wenn sie die dazu nötigen Techniken beherrschen.

Deswegen gilt die geheime Regel unter uns modernen Frauen: Hinterlasse einen Mann nicht so, wie Du ihn im Bett vorgefunden hast – dumm, egoistisch, einfältig und eingebildet –, sondern zeige ihm zärtlich, wo's langgeht. Zeige ihm Deine schönsten, erotischsten Körperteile, und wie er sie am wirkungsvollsten bearbeiten kann. Deine Nachfolgerinnen werden zufrieden sein. Das Glück kennt keine Grenzen, wenn Du selbst an einen gut eingerittenen Hengst gelangst.

### *Die sexuelle Herausforderung – der Ehemann*

Gut. Wenn Du mit ihm rundum zufrieden und glücklich bist, eine letzte Warnung: Viele Männer werden nach der Heirat zahm, langweilig und müde!

Der Polterabend ist in den meisten Fällen der letzte Abend, wo die Jungs noch mal so richtig auf die Pauke hauen, denn dann sind sie vorbei, die Jahre des Suchens und Werbens. Das passende Weibchen ist im Netz, und plötzlich stellt sich die Zuversicht ein, sich nicht mehr anstrengen zu müssen. Sobald ein Mann verheiratet ist, sinkt sein Testosteronspiegel (natürlich nur, falls er überhaupt schon mal einen hatte), was zur unvermeidlichen Folge hat, daß er ein weniger aggressives und dominantes Verhalten an den Tag legt.

Daß alleinstehende Männer relativ testosteronstark sind, liegt logischerweise auf der Hand: Sie stehen im ständigen Konkurrenzkampf mit einer Vielzahl von Geschlechtsgenossen und lassen sich natürlich nicht gerne die Butter vom Brot, beziehungsweise die Frau aus dem Bett nehmen. Verheiratete Männer aber haben ihr Ziel bereits erreicht. Sie werden fett und träge. Jetzt liegt es an der Frau, die Jungs immer wieder zu animieren und zu fordern. Das ist natürlich keine leichte Aufgabe, besonders dann, wenn Du selbst gerne den angenehmen Seiten des Lebens zugeneigt bist, so wie ich. Besser ist es also Männer hinzuhalten, was Heiraten angeht, dann strengen sie sich länger an. Du mußt ihnen ständig das Gefühl geben, daß sie froh sein können, wenn sie nicht als Restposten auf dem Wühltisch des Lebens landen: Ladenhüter haben das Verfallsdatum überschritten und bleiben liegen, die will Frau dann nicht mal mehr geschenkt!

Du bist Dir immer noch ganz sicher? Dann herzlichen Glückwunsch!

Ich möchte Dir als kleines Geschenk meine Sex-Gebote mit in die Ehe geben. Ich bin heute – und es ist der erste April 1998 immerhin schon 13 Jahre glücklich verheiratet.

## *Sex-Gebote für eine glückliche Ehe*

***1. Sei lieb zu ihm!***
***2. Prüfe ihn täglich, ob er Dich noch liebt!***
***3. Teile Deine Geheimnisse – aber nicht alle – mit ihm!***
***4. Genieße die gemeinsamen Stunden!***
***5. Sprich mit ihm über alles!***
***6. Du kannst nie genug von ihm haben!***

Wenn ihr nun glücklich verheiratet seid und euch überkommt der Gedanke, Nachwuchs und heile Welt wär jetzt schick, dann lest gemeinsam und laut, was passiert wenn aus Spaß Ernst wird.

## Aus Spaß wird Ernst

Die Menschheit platzt aus allen Nähten, und wir sind mit dabei. Dank der unvernünftigen Politik der Kirche vermehrt sich die Menschheit so rasch, daß es mit unserer guten Mutter Erde immer mehr bergab geht. Die Überbevölkerung ist heute weltweit eines unserer größten Probleme.

Milliarden von Menschen bevölkern die Erde wie der Filz einen Tennisball, und bald ist für uns alle gar kein Platz mehr da. Die Amerikaner haben ja zeitweise einige Menschen auf dem Mond ausquartiert und damals – ich war ja noch so jung – dachte ich wirklich, daß bald alle Amis dort wohnen würden, was natürlich das Problem höchst elegant gelöst hätte.

Was die Fortpflanzung betrifft, denke stets und immer daran: heute auf gar keinen Fall und am nächsten Tag auch nicht! Soll heißen: Nur nichts überstürzen, denn wenn Du Dich erst einmal auf Nachwuchs eingelassen hast, wirst Du ihn so schnell nicht wieder los. Als kinderlose Frau mußt Du nicht automatisch an vorderster Front gegen Kinderarbeit, verschmutzte Windeln und Spinatflecken oder gar gegen die Medien kämpfen – schließlich gibst Du ihnen nicht die Chance, Deine Kinder zu verderben, da Du ja keine hast. Ohne Kinder würde McDonald's pleitegehen, und die Mafia wäre in wenigen Jahren reif fürs Altersheim. Und Boygroups und kreischende Groupies gäbe es auch keine mehr – allerdings weiß ich gar nicht, ob ich das nun eher gut oder schlecht finden soll; na ja, ich kann mich ja nicht um alles kümmern. Aber was die Fortpflanzung betrifft, habe ich einen ganz klaren Standpunkt, den Du, liebste Freundin, möglichst beherzigen solltest: Heute auf gar keinen Fall!

Aber bitte mißverstehe mich nicht. Sex, Zärtlichkeit und Kuscheln mit meinem Schatzi finde ich ganz toll, aber die Nachwuchsvermeidung, also der Kampf gegen die globale Überbevölkerung ist wirklich enorm notwendig. Schon 1969 – damals gab es nur 3,3 Milliarden Menschen – sagte Brigitte Bardot in dem Film »Oh diese Frauen«, daß sich in 20 Jahren die Weltbevölkerung verdoppeln wird, und sie hat beinahe recht behalten. Schließlich ist es ganz unglaublich, welche schlimmen Folgen die Überbevölkerung mit sich zieht. Die Erde kann uns nur für eine begrenzte Anzahl von Lebewesen optimalen Lebensraum bieten, und diese Anzahl wird immer mehr überschritten. In der Folge müssen die natürlichen Rohstoffe in überhöhtem Maße ausgebeutet werden, vielerorts verträgt das Ökosystem das nicht und geht kaputt. Also, liebste Freundin, denke stets daran, der Kampf gegen die Überbevölkerung beginnt bereits mit dem Widerstand gegen die Bevölkerungsexplosion im trauten Heim! Und das ist eine Sache, die wirklich konsequent angegangen werden muß – schließlich gibt es da ja eine Menge guter Möglichkeiten wie Kondome, Pille oder die Sterilisation. Von den nicht so zuverlässigen Mitteln wie »den Eisprung erfühlen« oder »vorher rausziehen« rate ich Dir unbedingt ab. Und ganz klar ist auch: Mutter werden kannst Du nicht ohne Mann, aber viele Männer sind ja vorher kurzsichtig und hinterher vergeßlich, was im Klartext heißt: Sei bei der Verhütung selbständig, kümmere Dich selbst darum – und das ständig. Darwin sagt uns zwar, daß das Verlangen zur Fortpflanzung jeglicher Art von Lebewesen innewohnt und daß die Fortpflanzung sozusagen ein Selbstzweck sei, aber ich bin mir sicher: Darwin hat uns da einiges verschwiegen.

### *Wenn Du noch keine Mutti bist*

Herzlichen Glückwunsch: Du denkst, bevor Du überstürzt handelst. Denn bevor man sich in die Abhängigkeit eines hilflosen Lebewesens begibt, muß sich eine Frau darüber klar werden, was die Mutterrolle bedeutet. Wenn ich es vorher gewußt hätte, was da auf mich zukommt, hätte ich ganz ehrlich *nein* gesagt. Deshalb mache Dir gründliche Gedanken, was ein Kind wirklich bedeutet: Du mußt in Zukunft auf viele Dinge, die spontan zu entscheiden sind, verzichten, denn Du brauchst dazu einen Babysitter und die liegen ja bekanntlich nicht auf der Straße. Du mußt fast täglich zum Einkaufen gehen, Wäsche waschen, Essen kochen und immer für das Kind da sein! Hast Du wirklich die Kraft bis an Dein Lebensende für ein oder mehrere Kinder da zu sein?

Es kann Dir auch passieren, daß Dein Äußeres nicht so optimal in der Schwangerschaft aussieht – oder hast Du schon mal einen Mann gesehen, der mit einem klassischen Bierbauch auch nur einen Funken von Erotik versprüht? Also ich noch nie! Möglich ist auch die Tatsache, daß die Zeit nach der Geburt nur mit »Wohlfühlklamotten« zu ertragen ist und Du Dich dann selbst nicht mehr sehen kannst. Der ewige Schlabber-Look ist auch nur was für starke Nerven.

Überhaupt solltest Du dir genau überlegen, welche große Rolle Du Deinem zukünftigen Kind im Leben wirklich zugedacht hast.

***Nominierung Nr. 1: Das Kind als Lockmittel für den Mann***
Das ist wirklich cool, Du vergißt einfach mal die Pille, und prompt läuten die Hochzeitsglocken zum Happy End. Die Hauptrolle erhält zwar das Kind, aber Du bist zumindest im Team. Traumhaft, aber nicht empfehlenswert, denn eine Inszenierung bei der nicht alle Akteure freiwillig mitmachen, wird niemals dauerhaft erfolgreich sein.

***Nominierung Nr. 2: Ein Baby als Beziehungsretter***
Damit löst Du keine Krise. Solange die Handlung nicht stimmt, bringt eine Erweiterung der Besetzung auch nichts. Und das ist auch so erfolglos wie die bekannten Wahlversprechen: Danach wird alles besser, toller und schöner. Und schafft das erste Baby es nicht, die Krise zu überwinden,

dann muß es eben von noch einem neuen Brüderlein oder Schwesterlein unterstützt werden.

*Nominierung Nr. 3: Hoppla – ich bin schwanger*
Welche Rolle Dein Kind spielen soll, hast Du einfach aus Versehen bestimmt. Und das Casting für die Vaterrolle ist vielleicht auch noch nicht abgeschlossen. Alleinerziehende Mütter gibt es zwar viele, aber ich rate stets: Wenn es Dir schon egal ist, ob Du schwanger wirst oder nicht, mach Deinem Partner das klar, damit er mitbestimmen kann, was abgeht.

*Nominierung Nr. 4: Jetzt das Wunschkind*
Das muß er werden, der Oskar für die kindliche Hauptrolle. Ganz sicherlich war Lafontaine ein Wunschkind, denn sonst würde er ja nicht Oskar heißen.

Du siehst, liebste Freundin, eine Prämierung für eine bestimmte Rolle ist eigentlich gar nicht drin, und außerdem bedeuten Kinder eine enorme Verantwortung, und auch wenn Du noch so viele Folgen »Lindenstraße« gesehen hast, weißt Du niemals, was mit einem Kind alles auf Dich zukommt. Bevor Du Dir aber den Kopf zerbrichst, in welcher Fernsehserie die wirklich guten Tips zur Kindererziehung kommen, solltest Du Dich lieber gleich auf den nun folgenden Kindereignungstest konzentrieren.

## *Der Kindereignungstest*

Stell Dir, liebste Freundin, nun folgende Fragen: Bin ich für Kinder überhaupt geeignet? Oder: Wären meine Kinder überhaupt für mich geeignet? Nachfolgend habe ich zwei kleine Tests vorbereitet. Beantworte bitte nicht nur die einfachen, sondern möglichst alle Fragen. Beantworte sie auch, wenn Du gar keine Kinder haben willst, vielleicht lernst Du ja mal jemand kennen, der schon welche hat.

# A

***Bist Du für Kinder überhaupt geeignet?***

Bist Du bereit, mit Deinen Kindern alles zu teilen?

- sowieso! (100)
- manchmal! (0)
- nie! (100)

Wie stehst Du zu Spinatflecken auf Deinem rosa Trachtenkleid?

- ich wasche das Kleid mit Persil! (0)
- Spinat ist eh schädlich für Kleinkinder! (100)
- Spinatflecken finde ich kreativ! (100)

Wie siehst Du Deine Mutterrolle?

- Lady Di? (100)
- Sissy? (0)
- Mutter Theresa? (100)

Welche Werte möchtest Du Deinen Kinder vermitteln?

- Euro / Dollar / Rubel! (0)
- Viva la Revolution! (100)
- Tempo 30! (100)

## B

### *Wären Deine Kinder für Dich geeignet?*

Welche Erwartungen hast Du an Deine Kinder?

- dekorativ! (100)
- niedlich! (100)
- nutzlos! (0)

Wie intelligent glaubst Du sind sie?

- ganz wie Dich selbst! (100)
- halb so intelligent! (100)
- wie der Vater! (0)

Was wäre ihr Lieblingsgericht?

- Fischstäbchen (100)
- Miracoli (100)
- Nußecken und Himbeereis? (0)

Wann würdest Du Dich enttäuscht von Deinen Kindern abwenden?

- Telefonsex? (100)
- Studium der Sozialpädagogik? (100)
- Haarschnitt wie Dieter Bohlen? (0)

Jetzt, liebste Freundin, nachdem Du gewissenhaft alle Fragen beantwortet und Deine Punkte zusammengerechnet hast, folgt hier mein Rat:

**Null Punkte:**
Offensichtlich hast Du mich getäuscht, denn Du hast schon Kinder!

**Wenig Punkte:**
Solltest Du doch schon ein Kind haben, denke stets daran, der große und weise Vorsitzende Mao, der für die Chinesen in etwa ähnliche Bedeutung hatte wie Franz-Josef Strauß für die Bayern, hat die Ein-Kind-Familie stets propagiert. Also Finger weg vom zweiten Kind! Solltest Du noch kein Kind haben: Die Null-Kind-Familie ist das Modell der Zukunft!

**307 Punkte:**
Bei Deinen Rechenkünsten werden Deine Kinder sicher viel zu lachen haben. Vermeide diese Demütigungen durch eine narrensichere Verhütung! In keinem Fall solltest Du eine Verhütungsmethode verwenden, bei der Du irgend etwas abzählen mußt.

**Viele Punkte:**
Dein Lebensglück ist nicht von der Mutterrolle abhängig, was im Klartext bedeutet: Schaff Dir keine Kinder an!

**Alle Punkte:**
Du bist einfach toll, denn alle Punkte habe sogar ich bei diesem Test noch nie geschafft!

### *Der richtige Umgang mit den lieben Kleinen*

Solltest Du bereits Kinder haben, kann ich Dir hierzu einige Anregungen und Tips geben, wie wir uns mit unseren kleinen Monstern besser verstehen können!

Versuche Dich zu erinnern, wie es als Kind in Dir ausgesehen hat. Was hast Du gedacht wenn Deine Eltern Dich »erziehen« wollten? Wir können einander nicht immer verstehen und lieben, aber wir sollten versuchen, unsere Kinder so zu nehmen und zu lieben, wie sie sind, ohne sie nach unseren Maßstäben formen zu wollen.
Natürlich brauchen Kinder auch Grenzen. Diese sollten nicht zu eng und nicht zu weit gesteckt sein und immer dem Alter des Kindes entsprechend.
Es ist sehr von Nutzen für die ganze Familie, wenn ein NEIN von Dir oder Deinem Partner auch ein NEIN bleibt. Ich weiß sehr wohl, daß es in manchen Situationen leichter wäre nachzugeben, aber in diesem Falle gilt ausnahmsweise nicht das Sprichwort, daß der Klügere nachgibt. Inkonsequenz ist sehr verwirrend für Kinder jeden Alters.
Du solltest Dich auch immer mit Deinem Süßen absprechen, wie ihr reagieren wollt, wenn sich euer Kind nicht gleich mit euren Ansagen zufriedengibt, oder nicht einsehen will, daß es so nun mal nicht geht! Nie vor dem Nachwuchs diskutieren, wie die Sache jetzt am besten zu lösen wäre! Es verwirrt Kinder zu sehr, wenn sie mitbekommen, daß die Eltern selbst keine Lösung wissen. Solltest Du also mit Deinem Partner nicht immer einer Meinung sein, was ja ganz normal ist, so kann ich Dir nur raten, das immer ohne Kinderohren mit ihm zu besprechen.

Versuche, möglichst viel Zeit mit Deinen Kindern zu verbringen, falls Du eine Hausfrau bist, die auch noch im Berufsleben steht. Mit Kindern spielen, rausgehen, Spaß haben ist die beste und einfachste Familientherapie. Mach Dir wegen Deinem Haushalt und Deiner Arbeit mal keine Gedanken, laß einfach alles liegen und stehen. Ich garantiere Dir, es ist später auch noch alles da! Deine Kinder werden kleine Ausflüge genießen, und Dir tut eine kleine Veränderung auch mal ganz gut. Sollte Dein Partner damit nicht klarkommen, erkläre ihm, warum nicht aufgeräumt und kein Essen gekocht ist. Mach ihm klar, seine freie Zeit nicht vor dem Fernseher zu verschwenden, sondern sinnvolle Dinge zu übernehmen. Aufräumen statt nörgeln, Kochen statt quengeln ist die Devise! Wichtig ist es, den Kindern einen einigermaßen geregelten Tagesablauf zu bieten. Kinder brauchen Rituale: immer das gleiche Frühstücksbrettchen, immer den gleichen Vater – was aber Spontanität im Leben eines Kindes oder in der Familie nicht ausschließen soll.

Körperpflege ist wichtig und schön, doch ganz steril und bakterienfrei sollte niemand aufwachsen. Du weißt ja: Dreck schadet nicht, und die Übertreibung ist in keiner Richtung richtig. Die Körperpflege, die Du mit Deinem Kind zusammen machst, sollte euch beiden Spaß machen. Ein schönes Bad mit Seifenschaum und Wasserspielzeug, ein bißchen *plitsch* und *platsch* kann zum kurzweiligen Vergnügen werden. Wikkel Dein Kind nach dem Baden ein wie eine Mumie, dann kannst Du ihm auch gleich die Haare schneiden, denn es kann nicht mehr herumzappeln. Sehr wichtig: Das Eincremen nach dem Bade, so bekommt Dein Schätzchen zusätzliche Streicheleinheiten, und das tut auch Deiner Seele gut. Für eine kleine Geschichte oder ein Liedchen vor dem Einschlafen sollten Eltern immer Zeit haben (bis ca. 8–10 Jahre).

Die letztendliche Entscheidung, ob Du, liebste Freundin, Kinder haben solltest oder nicht, kann ich Dir nicht abnehmen, aber ich habe Dir ja bereits jede Menge guter Ratschläge gegeben. Meine letzte Empfehlung ist: Schaffe Dir keine Kinder an, nur weil Du es anderen beweisen willst.

Sollten Deine Gedanken aber immer noch hartnäckig ums Kinderkriegen kreisen, so bedenke: Du mußt Dir stets Gedanken darüber machen, was Du Deinem Kind bieten kannst. Dank intensivem Fernsehkonsum kenne ich das einzige unfehlbare Mittel, mit dem eine ernährungs-, erziehungs- und umweltbewußte Mutter ihre Kinder zu einem erfüllten Leben führen kann, nämlich mit Spannung, Spiel und Schokolade. Ganz sicher, liebste Freundin, siehst Du jetzt auch vor Deinem geistigen Auge ganz groß das Wort »Überraschungsei«, und Dir wird ebenfalls sofort klar, welche banal-geniale und doch tiefgründige Wahrheit uns das TV hier verkünden will: Die eigentliche Überraschung steckt nicht in der Schokolade, sondern in den Kindern! Doch, wirklich! Bevor Dein Kind aus Deinem eiförmigen Bauch herauskommt, kannst Du ganz vorsichtig daran klopfen und horchen, es bleibt aber bis zum letzten Moment sehr spannend, was da Süßes (nicht nur zum Spielen) für Dich herauskommt.

Aber auch wenn Du ganz wild auf neun Monate Spannung bist, solltest Du trotzdem einmal über Adoption nachdenken; richtig, sozusagen der Erwerb eines bereits ausgepackten Überraschungseis. Meistens sind es nämlich nur die ganz kleinen und süßen Babys, die auf Anhieb neue Eltern finden, während die nicht mehr ganz so kleinen in Heimen oder Pflegschaften versauern. Falls Du, liebste Freundin, Dich um solche Kinder kümmern willst, denke daran: Außer der Entscheidung zur Adoption gibt es auch vielfältige Möglichkeiten der Patenschaft. Und Du weißt ja: Jede Form der praktischen oder finanziellen Hilfe ist hier wichtig. Liebste Freundin, solltest Du Dich hier irgendwie engagieren wollen, so findest Du beim örtlichen Jugendamt kompetente und freundliche Beratung.

Fühlst Du Dich aber gerade im Moment doch ganz einsam, oder sehnst Dich nach einem Wesen, das ganz Dir gehört, immer zu Dir hält, zuhören kann, sich freut, wenn Du Dich ihm zuwendest, aber auch bereit ist, Dir rücksichtsvoll Freiraum zu gewähren? Fühlst Du diesen Wunsch tief unten in Deinem Herzen? Ja? So einsam? Ganz schrecklich allein? Dann gibt es nur eine Lösung für Dich, die Alternative zum Kind, denn so ein kleines Menschlein wäre von Deinen Ansprüchen hoffnungslos überfordert. Und es gibt ganz wunderbare Alternativen!

## Die kuscheligen Alternativen

Liebste Freundin, wer sagt denn, daß Kinder immer vom Storch gebracht werden müssen? Es gibt nämlich ganz andere kleine Wesen, die nur darauf warten Dich kennenzulernen und Dein Leben mit Dir zu teilen. Charakterstark und schmusefest sitzen sie in den Regalen der Kaufhäuser und Tankstellen – und sie wollen alle nur zu Dir. Und in diesem Fall kann ich sagen: nur zu! Denn ein Kuscheltier bereichert Dein Leben, vor allem Teddybären und kleine rosa Plüschschweine.

### *Ich wär so gern Dein Teddybär*

Teddybären sind einfach toll – das weiß ja eh jeder –, denn sie sind fast die einzigen Stoffwesen, die einen nicht blödsinnig süßlich oder dümmlich anstieren, sondern richtig teilnahmsvoll gucken können. Dies hat mich dazu animiert, eine ganze Serie von Bärchenpostkarten – vom Saubär bis zum Sado-Maso-Brummerchen – anzufertigen.

Gerne wäre ich einmal Mäuschen in der Teddyabteilung bei F. A. O. Schwarz in New York, einem großen Spielwarengeschäft mit vielen Regalen voller schnuckeliger Bärchen. Nachts ist da sicher der Bär los, denn alle Teddys fangen an lebendig zu werden; sie schauen sich um, hüpfen aus den Regalen, wuseln durch den Laden – und was tun sie wohl, um sich die Zeit zu vertreiben? Schauen sie etwa gemeinsam fern oder bestellen sie telefonisch Pizza und Bier. Wer weiß?

Teddys sind einfach faszinierend, wenn ich sie so anschaue, denke ich immer, sie tun nur so als ob sie Stofftiere wären, und in Wirklichkeit führen sie ein ganz eigenes und unabhängiges Leben. Und mit dieser Meinung stehe ich nicht allein. Ich kenne sogar ganz seriöse Leute, die für ihre Teddybären Kleider und Möbel nach Maß anfertigen lassen. Für gesellschaftliche Auftritte empfiehlt sich die Teddy-Haute Couture von Ralph Lauren. Selbst Münchens Oberbürgermeister Christian Ude hat seine Familienverhältnisse schon dahingehend geoutet, daß die Teddybären Konrad und Bruno als wichtige Familienmitglieder zählen. Du glaubst mir nicht? Dann weißt Du auch nicht, daß Teddybären tatsächlich ein eigenes Leben führen! Solange Du zu Hause bist, sitzen sie brav auf dem Sofa und tun so, als könnten sie gar nicht anders. Kaum sind sie allein, wuseln Sie herum und amüsieren sich; deshalb sind sie auch so ausgeglichen, wenn Du wieder zurückkommst. Leidenschaftlich gern lesen sie oder sehen fern, aber natürlich bevorzugen sie ganz bestimmte Autoren oder Schauspieler, so beispielsweise William Shakesbär, Albär Camus, Brigitte Bärdot oder Christopher Lambär. Und natürlich sehen Sie gerne Dokumentarfilme. Gerade ältere Teddys sind sehr gebildet und klug. Dabei sind sie aber auch verständnisvoll: Du kannst Teddys wirklich alles erzählen. Ich weiß genau, sie leiden mit Dir, und sie verstehen Dich sogar, wenn Du gar nichts sagst, sondern sie nur in den Arm nimmst und fest an Dich drückst.

*»Keiner kann so kuscheln wie Du!«*

*Franz Flukati, 1971*

Ein Teddy kann Dich wirklich trösten, und er ist immer dazu bereit, selbst nachts um halb drei. In manchen Städten arbeiten Teddybären sogar ganz offiziell für die Polizei: Sie fahren in Streifenwagen mit, und ihre Aufgabe ist es, sich schnellstmöglich und mit vollem Einsatz um Kinder zu kümmern, die nach einem Verkehrsunfall unter Schock stehen. Du siehst also, Teddys können sogar berufstätig sein. Aber das ist die Ausnahme, normalerweise sieht ein Teddy seine Lebensaufgabe darin, sich um »seine« Menschen zu kümmern.

### *Ein kleines Schweinchen namens Rosa*

*Jede Hausfrau sollte in ihrem Leben einen Baum pflanzen, ein Haus putzen, eine Tochter großziehen und ein Buch schreiben.*

Obwohl ich mich nach meinem zweiten Sohn sterilisieren ließ, um mich ohne Chemie, Gummi und der ewigen Angst einer Befruchtung dem angenehmen Liebesspiel hingeben zu können, erwachte in mir kurz vor Weihnachten 1997 der Wunsch, ein kleines Töchterchen mein Eigen zu nennen. Ich liebe kleine Mädchen, denn sie sind unsere Zukunft – die Hausfrau 2000 darf nicht aussterben! Außerdem könnte ich mein Töch-

terchen so schön anziehen wie mich selbst. Mein Flehen wurde erhört, und ich kam unerwartet schnell und schmerzlos nieder. Gleich nach der Geburt, es war der 23. 9. 1997 um 13:15 Uhr, schoß der glückliche junge Vater dieses Foto!

Mein Mann und ich nannten das zierliche Geschöpf Rosa Viktoria! Sie war gleich nach der Geburt kuschelig weich und begrüßte uns freundlich mit den Worten: »Hallo hier bin ich, liebe Eltern«! Tatsächlich waren wir sehr überrascht, daß sie hochdeutsch sprach.

Rosa ist für uns ein Geschenk des Himmels. Sie ist ein wundervolles Kind. Schon nach wenigen Tagen konnte sie schreiben und lesen. Nach exakt 48 Stunden war sie stubenrein.

Sie ist immer freundlich, nie trotzig und schmust am liebsten stundenlang mit uns beiden. Ich habe noch nie ein kleines Kind erlebt, das so angenehm ist. Alle meine Freundinnen beneiden mich um dieses Prachtexemplar. Besonders stolz bin ich auf die Tatsache, daß sie mir auch noch sehr ähnlich sieht: »Ganz die Mama«, rufen mir wildfremde Menschen auf der Straße hinterher und freuen sich. Da sie ja ein echtes kleines Schweinchen ist, kannst Du Dir denken, daß sie gerne im Dreck wühlt oder im Sandkasten mit ihren Förmchen spielt. Selbstverständlich erlaube ich ihr diese Beschäftigung wann immer sie es möchte.

Die Kleine ißt auch alles, was ich ihr koche. Da sie Vegetarierin von Geburt an ist, liebt sie alle Gemüsegerichte und Rohkostteller. Nur eines haßt sie auf den Tod, und das kann man ihr nicht verübeln: Schweineschnitzel und Schweinswürstel! Wir wohnen

leider genau über der Metzgerei »Bauch«, was für Rosa eine Zumutung ist und immer, wenn ich mit ihr aus dem Haus gehe und an den Schaufenstern vorbei muß, preßt sie sich ängstlich an mich. Dann spüre ich ihr kleines Herzchen laut und schnell pochen.

Da Rosa sehr gute Manieren hat, nehme ich sie gerne auf gesellschaftliche Ereignisse mit. Promis reißen sich um ihre Aufmerksamkeit und sonnen sich gerne in ihrem Glanz. Inzwischen ist sie auch ein gern gesehener Gast in diversen Talkshows, wohin ich sie natürlich begleite.

Überall, wo Rosa auftaucht, ist sie der Mittelpunkt. Die Menschen tauen auf und kommen sofort mit ihr ins Gespräch. Sie ist ein echter Sonnenschein, und niemand nimmt daran Anstoß, daß sie ein kleines Schwein ist. Das ist der deutliche Beweis, daß die inneren Werte, also ein guter Charakter und ein gutes Benehmen doch mehr zählen, als immer vermutet wird. Vielleicht ist unsere Gesellschaft doch gar nicht sooo oberflächlich. Auch

Rosa's Brüder haben ihre kleine Schwester so akzeptiert, wie sie ist. Nach einer anfänglichen Zurückhaltung, die ganz normal ist, wenn ein neues Geschwisterchen in der Familie dazukommt, schätzen die beiden Jungs ihre kleine Schwester sehr und besonders die Tatsache, daß Rosa so gut Monopoli spielen kann.

Rosa wird einmal eine wunderbare Hausfrau werden, das ist ihr sozusagen schon in die Wiege gelegt worden. Kein Wunder bei der Mama! Sie hat das gewisse Empfinden für Ordnung und Sauberkeit von Geburt an.

Kurzsichtigkeit liegt bei uns in der Familie. Rosa trägt zwar meistens Kontaktlinsen, doch ich finde, daß ihr eine Brille genau so gut steht wie auch dem Rest der Familie.

Wenn ich einmal traurig bin, nimmt sie mich in den Arm und tröstet mich. Sie sagt mir, daß ich die tollste Mami auf der ganzen Welt bin, und schon geht's mir wieder gut. Wir alle können uns ein Leben ohne Rosa gar nicht mehr vorstellen!

## Die beste Freundin

Ist fast wichtiger als ein Freund oder Ehemann. Denn wenn Du mal Probleme hast, ist sie ganz sicher für Dich da. Natürlich gibt es auch mit Freundinnen mal einen kleinen Streit oder Mißverständnisse, aber in der Regel ist sie Dir nie lange böse und verzeiht Dir wieder. Mit ihr kommst Du immer auf einen Nenner, ihr habt dieselbe Wellenlänge. Das Tolle an ihr ist, daß Du bei ihr so sein kannst, wie Du wirklich bist. Ihr ist es egal, ob Du gerade topschick gekleidet bist, einen Pickel oder ungewaschene Haare hast. Deine Freundin kennt Deine inneren Werte und weiß sie zu schätzen. Sie sagt Dir auch ehrlich, was ihr an Dir gut gefällt und was nicht. Sie lügt Dich nicht an, wenn Du ihre Meinung hören willst. Sie warnt Dich vor falschen Freunden und dummen Ideen. Sie gibt Dir die besten Ratschläge, die sie parat hat. Mit Deiner Freundin kannst Du durch dick und dünn gehen.

Eine gute Freundschaft entsteht nicht von heute auf morgen. Es dauert seine Zeit bis ihr beiden euch näher kennenlernt und eine Vertrauensbasis aufbaut. Bemühe Dich darum, Deine Freundin wirklich gut kennenzulernen.

### *Wie gut kennst Du Deine Freundin?*

Du kennst die Lieblingsfarbe Deiner Freundin? Du weißt, was sie am liebsten ißt? Du weißt, welche Musik sie mag? Du hast den gleichen Geschmack wie sie? Du kennst ihre Familie? Aber weißt Du auch, was in Deiner besten Freundin vorgeht, wovor sie Angst hat und worüber sie sich am meisten freut?

Der Freundinnentest bringt die Wahrheit ans Licht: Kreuze die Antworten an, die Dir am meisten entsprechen.

# Der Freundschaftstest

1. Du bist mit Deiner Freundin befreundet, weil...
a) sie so denkt wie Du.
b) sie so lustig ist und es mit ihr immer so viel zu lachen gibt.
c) Du sie bewunderst, weil sie bei allen Leuten gut ankommt.
d) sie so stark ist.

2. Du siehst Deine Freundin täglich und ihr telefoniert auch noch mindestens 60 Minuten am Abend. Worüber unterhaltet Ihr euch?
a) Über euere Träume und Wünsche.
b) Über alles mögliche.
c) Über ihre Orgasmusprobleme und ihre Pickel.
d) Sie will immer über Fußball oder Sport reden.

3. Deine Freundin hat Geburtstag, was schenkst Du ihr?
a) Eine Familienpackung Tampons.
b) Eine Halskette, von der ich meine, daß sie ihr gut steht.
c) Was mir selbst gut gefällt.
d) Sie wünscht sich schon soo lange eine Doppelripp Unterhose mit seitlichem Eingriff.

4. Deine Freundin hat Angst vor der Hausarbeit, weil sie so lange nicht geputzt hat. Was machst Du?
a) Ich lenke sie ab, damit sie ihre Arbeit vergißt.

b) Ich verspreche ihr, daß sie sich meine saubere Wohnung als Vorbild nehmen darf.
c) Ich mache ihr Mut, daß es schon irgendwie klappen wird und biete meine Hilfe an.
d) Ich mache mir ernsthafte Gedanken über ihren Geisteszustand.

5. Deine Freundin ist seit zwei Wochen krank. Du darfst sie wegen der Ansteckungsgefahr nicht besuchen. Was machst Du inzwischen?
a) Ohne sie langweile ich mich. Ich rufe sie jeden Tag an, damit ich ihr meine Erlebnisse und Erfolge erzählen kann.
b) Ich schreibe ihr ein E-Mail obwohl sie gar keinen Computer hat und denke an sie.
c) Ich rufe sie an, um zu fragen wie es ihr geht und um ihr zu sagen, daß ich sie sehr vermisse.
d) Kein Wunder, sie ist ja doch sehr unhygienisch.

6. Deine Freundin und Du, ihr seit mal nicht einer Meinung und streitet euch. Was machst Du?
a) Ich sage ihr, daß der Streit kindisch war und versuche, sie von meiner Meinung zu überzeugen.
b) Ich ziehe mich eine Weile zurück.
c) Ich rauche mit ihr eine Friedenspfeife und wir begraben den Streit.
d) Immer will sie recht haben, das nervt langsam.

Lies jetzt bitte unter dem Buchstaben nach, den Du am meisten angekreuzt hast.

### *Testauflösung*

**Überwiegend a)**
Du verstehst Dich am besten mit Deiner Freundin, wenn sie all das toll findet, was Dir gefällt und sie immer Deiner Meinung ist. Dann seid ihr ein Herz und eine Seele. Geh mal etwas mehr auf Deine Freundin ein und lerne sie so kennen, wie sie wirklich ist – und nicht wie Du sie gerne haben willst!

**Überwiegend b)**
Deine Freundin und Du, ihr seid euch unheimlich ähnlich. Dadurch versteht ihr euch super. Daß ihr dennoch unterschiedlich seid, wollt ihr nicht bemerken. Findet doch einmal heraus, worin ihr euch wirklich unterscheidet. Das ist bestimmt sehr spannend und schweißt euch noch mehr zusammen.

**Überwiegend c)**
Du kennst Deine Freundin wirklich gut und akzeptierst sie so, wie sie ist. Du hörst ihr zu, kennst ihre Wünsche und auch Sorgen und weißt, was ihr wichtig ist. Du bist nicht mit ihr befreundet, weil sie so ist wie Du, sondern weil sie eine eigene Meinung hat. Das macht eure Freundschaft stark!

**Überwiegend d)**
Deine Freundin ist anscheinend gar nicht so nett, wie Du ursprünglich dachtest. Sie wird immer unangenehmer und benimmt sich öfters daneben. Da sie auch ab und zu schlecht riecht und unter einem extremen Damenbart leidet, würde ich mir an Deiner Stelle doch ein paar Gedan-

ken machen. Mein Tip: Schau sie Dir genauer an! Geh ihr mal auf die Toilette hinterher und Du wirst feststellen: SIE IST EIN MANN!

Kann ein Mann Deine beste Freundin sein, wirst Du Dich jetzt vielleicht fragen? Sie kann. Etliche weibliche Seelen sind aus Versehen in Männerkörpern gelandet. Ich habe bereits einige Frauen kennengelernt, die im falschen Körper stecken, oder Männer, die verzaubert sind. Das gibt es alles. Und ich akzeptiere jeden, wie er ist, vorausgesetzt, er benimmt sich höflich und zuvorkommend. Darauf lege ich doch sehr viel Wert.

### *Die Verzauberten*

Sehr viele homosexuelle Männer, für mich »Verzauberte«, sind ausnehmend höflich und zuvorkommend. Sie sind sehr sensibel und verständnisvoll, immer liebevoll um Dein Wohlergehen besorgt, ausgezeichnete und interessante Gesprächspartner. Dafür nehme ich auch gerne mal leichte Zickenanfälle und Unpünktlichkeit in Kauf. Viele von ihnen sind hochprozentige Schatzis und können schnell durch ihre zutrauliche Art zur Freundin werden. Ich persönlich habe viele verzauberte Freunde, die ich sehr schätze und liebgewonnen habe. Auch in der Schlagerbranche habe ich sehr viele Verzauberte angetroffen, mit denen wir viel Spaß hatten. Einige Freundschaften sind daraus im Laufe der Zeit entstanden.

Leider gibt es aber auch Ausnahmen, die sich aus Imagegründen in der beliebten Rolle des ewigen Schwiegersohns verstecken, aber mit dem Selbstbetrug Probleme haben. Sie leiden oft unter Depressionen, sind unzufrieden und launisch, neigen zu Egoismus und Arroganz. Diese Gefühle versuchen sie häufig durch Intrigen und Machtkämpfe zu kompensieren. Das ist nicht meine Welt. Da geh ich lieber auf höfliche Distanz und überlasse sie ihrem Schicksal.

Meine Lieben, auch wenn ich noch stundenlang über ein schöneres Leben zwischen Liebe und Lust, Männer und Kinder, Haushalt und Beruf plaudern könnte, möchte ich nun zu meinem großen Anliegen und innigsten Wunsch in meiner tiefsten Hausfrauenseele kommen: eine saubere Welt.

*Wonderpearl*

*Eine coole Sache...*

Immer schick – auch bei der Hausarbeit!

Sauber wie geschleckt!

Petra Perle mit dem
amtierenden Bügelweltmeister!

Einfach putzig!

Petra Perles Hobby: die Malerei!

Im Bett – immer nett!

Haushalt als Happening!

Perlen glänzen am Abend!

Girltalk – die Perle mit Diane Brill...

...mit ihrem 2. Ich – Conny Sü Prem...

Ein ganz besonderer Freund!

## 5. KAPITEL

# Weg mit dem Schmutz!

Mit Schmutz haben heute nicht nur die Hausfrauen zu kämpfen: Längst ist der Schmutz aus den Häusern gekrochen und hat sich weltweit mit rasanter Geschwindigkeit ausgebreitet.

Mit wachsenden Müllbergen, verschmutzten Gewässern, verpesteter Luft und verseuchtem Erdboden hat heute eigentlich die ganze Menschheit zu kämpfen; nur leider nehmen die wenigsten die besorgniserregende Lage unserer Mutter Erde wirklich ernst. Die verantwortlichen Politiker verschließen die Augen vor dem ganzen Dreck und reden um den heißen Brei herum. Sie diskutieren auf Umweltgipfeln und zahlreichen Kongressen über Maßnahmen zur Verhinderung und Beseitigung von Umweltschäden, aber kommen zu keiner Lösung. Was fehlt, ist der

*Das Motto für die Politik von morgen*

Mut, sich auch einmal gegen die Interessen mächtiger Wirtschaftskonzerne zu stellen, die bis heute eine effektive Umweltpolitik verhindern. Es ist höchste Zeit, daß wir Hausfrauen das Ruder in die Hand nehmen und den Herrn Politikern einmal zeigen, wo es langzugehen hat! Wir wollen schließlich alle schöner leben und nicht im Dreck versinken.

Wir Hausfrauen sind für die Politik sowieso prädestiniert. Denn schließlich ist der Haushalt der Mikrokosmos der Wirklichkeit. Und was im Kleinen funktioniert und sich bewährt hat, läßt sich auch auf Bundesebene übertragen. Hinzu kommt, daß Hausfrauen jahrelange Erfahrungen in der Schmutzbeseitigung haben und auch die Tatsache, daß eine Hausfrau 216 verschiedene Tätigkeiten beherrscht, vom Kochen bis zur Kindererziehung, spricht dafür, den Hausfrauen einen Platz im politischen Spielfeld einzuräumen.

Es gibt noch mehr Gründe, warum moderne Hausfrauen die besseren Politiker sind, wie folgende Gegenüberstellung beweist.

| **Politiker** | **Die Hausfrau 2000** |
|---|---|
| Haben große Haushaltslöcher | Hat keine |
| Lügen wie gedruckt | Sagt ehrlich, wie's ist |
| Sehen meist schlecht aus | Sieht immer blendend aus |
| Diskutieren scheinbar endlos | Handelt schnell und zielbewußt |
| Lieben Diäten | Haßt Diäten |
| Haben schmutzige Westen | Hat eine saubere Schürze |
| Sind egoistisch | Denkt an Alle |
| Gefährden die Menschheit | Rettet die Welt |
| Geben Geld für Kriege aus | Kauft sinnvolle Dinge |
| Sind überbezahlt | Ist unterbezahlt |

| | |
|---|---|
| Verschmutzen alles | Macht alles sauber |
| Sind hektisch | Ist häuslich |
| Brauchen Polizeischutz | Beschützt ihre Familie selbst |
| Sind kein gutes Vorbild | Ist vorbildlich |
| Fahren dicke Autos | Fährt Fahrrad |
| Leben im Einklang mit der Industrie | Lebt im Einklang mit der Natur |

Allein dieser einfache Vergleich macht deutlich, daß Hausfrauen für die Politik geschaffen sind. Seit Jahren plädiere ich dafür, im Bundestag einen Hausfrauenflügel zu etablieren: Die Hausfrauen als korrigierendes Regulativ. Das könnte gar nicht schaden, wenn wir den Männern mal etwas mehr auf die Pfötchen schauen, bei dem, was sie alles so anstellen. Was den Männern bei ihren Entscheidungen an Menschlichkeit, Gerechtigkeit und Umsicht fehlt, würde durch uns Frauen doch optimal ausgeglichen werden. Auch der Haushaltsetat wäre bei uns Hausfrauen sicher in besseren Händen.

Vielleicht würde es uns Hausfrauen auch gelingen, der Politikverdrossenheit ein Ende zu setzen. Warum sind denn so viele sauer auf unsere Politiker? Weil hinten und vorne nichts mehr klappt! Die meisten Frauen ärgern sich in der Politik über

- die vielen unnützen Geldausgaben und hohe Staatsverschuldung;
- die Verlogenheit der Politiker;
- die sinnlosen Diskussionen, die zu nichts führen;
- die langen Wege der Bürokratie;
- die dringenden Probleme, die nicht sofort gelöst werden;
- die miese Sozialpolitik;

- die Ungerechtigkeit bei der Vergütung von Arbeit;
- die hohen Steuern;
- die schlecht sitzenden Anzüge der Politiker;
- das Politikerdeutsch.

Zurecht! Von sage und schreibe 100 befragten Frauen ist nur eine einzige mit der Politik der auslaufenden 90iger Jahre zufrieden. Am liebsten würden von den Befragten

36 % die regierenden Politiker abwählen;
24 % das Beamtentum abschaffen;
21 % die Diäten kürzen;
12 % den Regierungs- und Verwaltungsapparat verkleinern;
7 % die Verknüpfung Kirche-Staat auflösen.

Ja der Ärger sitzt tief. Unsere Herrn Politiker haben die Bundesrepublik ganz schön heruntergewirtschaftet.

Der Haushalt weist Billionen Löcher auf, die Staatsschulden explodieren kräftig weiter. Kein Problem für die Herrn auf den Regierungsbänken – dann wird einfach schnell bei Umwelt, sozialen Einrichtungen und Bildung kräftig der Rotstift angesetzt. Doch trotz dieser Notoperationen und Flickschustereien steigt die Staatsverschuldung in schwindelerregende Dimensionen. Zusätzlich entstehen jährlich Zinslasten in Milliardenhöhe – und das auf lange Zeit.

Neben den riesigen Haushaltslöchern ist die hohe Arbeitslosigkeit ebenso prekär – Millionen von Menschen sind ohne Arbeit. Die Reichen kriegen immer mehr, die Armen immer weniger. Wo bleibt da die Gerechtigkeit? Und die, die sie immer predigen, verfehlen ihr Ziel bei weitem.

Obwohl dem Bundesschuldenminister das Wasser bis zum Halse steht, werden noch Etats von 850 Millionen für den Eurofighter genehmigt, der bis zur Fertigstellung den Steuerzahler noch weitere 23 Milliarden kosten wird. Im Vergleich dazu beläuft sich der Umwelt-Etat des Bundes auf lächerliche 1 bis 2 Milliarden. O weia! Bei so viel Schwachsinn kriege ich die Krise. Warum so was möglich ist, verstehe ich einfach nicht. Jeder vernünftig denkende Mensch müßte bei dieser hohen Staatsverschuldung doch Stop zum Eurofighter schreien! Aber nein, keiner macht den Mund auf. Wenn es um ihr liebstes Spielzeug geht, halten die Männer ganz fest zusammen, und wir können nur wieder einmal entsetzt feststellen: **Hilfe – unser Staat ist männlich!**

Und was er uns beschert hat, wissen wir ja inzwischen zur Genüge: Die Lage für uns Frauen ist alles andere als befriedigend. Meine Lieben, wißt Ihr überhaupt, wie es um uns Frauen in der Politik eigentlich bestellt ist? Schlecht? Nein, miserabel! Wir Frauen haben bis heute in der Politik – und auch in der Gesellschaft – noch keine Gleichstellung erreicht. Politik und Wirtschaft sind von männlichen Normen und Möglichkeiten geprägt. Auf dem internationalen Frauentag im März 1998 wurde dann auch nur festgestellt, daß sich die Situation in den vergangen Jahren nicht viel verbessert hat.

- In den meisten Ländern wird die Politik nur von Männern gemacht!
- Frauen haben weltweit nur jeden zehnten Parlamentssitz inne!
- In der Bundesrepublik sind von 672 Bundestagsabgeordneten nur 179 Frauen!
- Je höher der Posten, desto weniger Frauen besetzen ihn!

Frauen sind alles andere als gleichberechtigt. Das muß sich ändern! Denn nur, wenn Frauen gleichberechtigt, also 50:50, an politischen Entscheidungen beteiligt werden, wird sich die Politik zum Wohle aller verbessern. Deshalb, meine Lieben, ist ein Weg aus unserer kritischen politischen Lage die Forderung nach Gleichberechtigung. Solidarität, Rückgrat und Stärke werden wir brauchen, wenn wir den Herren der Schöpfung ein bisserl Bügeldampf unter die weicheingesessenen Hintern schießen wollen.

Wie soll das denn gehen, höre ich da schon die Skeptikerinnen fragen: »Uns Hausfrauen nimmt doch keiner ernst.« Um so besser, meine Lieben. Ich habe bereits bei meiner Mission, den deutschen Schlager zu retten, festgestellt, daß diejenigen, die mich anfangs belächelten, mich heute angesichts der Lawine, die ich ins Rollen gebracht habe, geradezu fürchten.

> *Der Mut einer einzigen Person kann vielen die Augen öffnen und sie aktivieren, selbst zur Lösung lokaler oder globaler Probleme in aller Welt beizutragen.*
>
> Katalog der Hoffnung

Gleiche Ziele, Ideale, Wünsche und Hoffnungen verbinden und machen stark. Nehmen wir zum Beispiel den Club of

Rome, der durch die gemeinsame Sorge um die Zukunft der Menschheit verschiedene Vertreter unterschiedlichster Kulturen und Berufsgruppen zueinandergeführt hat, um »Weltlösungsstrategien« zu entwickeln. Nichts anderes will letztlich der Hausfrauen-Club 2000, den ich mit meinen Freundinnen zu diesem Zweck ins Leben gerufen habe.

So ist es einerseits das Ziel des HFC 2000 penetrant auf die globalen Probleme aufmerksam zu machen und andererseits die drängenden Sorgen im eigenen Land zu bekämpfen. Wir kehren erst mal den Schmutz vor unserer eigenen Tür und räumen kräftig auf. Wenn das jeder täte, würden sich auch die globalen Probleme langfristig lösen!

## Wege aus der Misere

In München sind von der Idee, den Dreck und Filz aus den Politikerstuben rauszukehren, bereits viele Hausfrauen begeistert. Sie alle haben darüber nachgedacht, wo sie durchputzen würden, was sie verbessern und verändern würden. So ist unser ganz eigenes Hausfrauenprogramm entstanden – »Wege aus der Misere«. Es sind Denkanstöße und Lösungsvorschläge, verbunden mit der Hoffnung, daß möglichst viele davon in die Tat umgesetzt werden. Das kommende neue Jahrtausend ist genau der richtige Zeitpunkt, neue Reglements einzuführen und den Bundeshaushalt mal wieder in Schwung zu bringen. Fangen wir also an, auch unsere Politik hier in Deutschland unter die Lupe zu nehmen und versuchen wir ein paar Vorschläge zur Verbesserung zu machen.

### *1. Eine verständlichere Politik*

Politik muß für jeden verständlich sein, was sie nicht immer ist. Wenn mehr Menschen verstehen, worum es eigentlich geht, wird die politische Arbeit auch effektiver. In vielen politischen Reden, in den Informationsbroschüren der Bundesregierung, in Wahlkampf- und Parteiprospekten und auch bei den Wahlunterlagen selbst wimmelt es vor komplizierten Satzkonstruktionen und Fremdwörtern. Diese Unsitte ist auch im gesamten Behördenapparat zu Hause. Ich bin mir sicher, daß nicht mal die Hälfte der Bundesbürger kapiert, worum es bei politischen Debatten eigentlich genau geht.

Neben komplizierten Worten und Strukturen haben wir außerdem noch mit der Phrasendrescherei zu kämpfen. Viele Worte um nichts – diese Kunst beherrschen Politiker perfekt, ja so perfekt, daß man kaum noch unterscheiden kann, ob die Inhalte überhaupt noch verschieden sind.

Wer kann sich diese Wortsalate und Ergüsse überhaupt merken? Das beherrschen ja die meisten Politiker nicht einmal selbst, müssen sie doch bei ihren Reden vom Manuskript ablesen. Das ist doch peinlich! Wer gute Vorschläge hat, muß sie nicht vom Blatt ablesen. Nur wer gerne vertuscht oder nichts zu sagen hat, schmückt sich gern mit Phrasen. Probleme werden so stundenlang breitgetreten, und die Lösungen werden kurz mit einem Versprechen, sich darum zu kümmern, abgetan.

Politik wird verständlicher, wenn

- politische Reden und Debatten prinzipiell auf ein Drittel gekürzt werden;
- Sätze kurz und deutlich formuliert sind;
- Politiker nicht mehr wortwörtlich vom Blatt ablesen dürfen;
- weniger geschrien und langsamer gesprochen wird;
- Fremdwörter und fachspezifische Ausdrücke richtig erklärt oder nicht benutzt werden;
- alle eine Sprache sprechen.

Bezüglich des letzten Punkts sind meine Hoffnungen zur Zeit noch nicht allzu groß, wenn wir bedenken, wie viele Mißverständnisse und Streitigkeiten in der Politik vorherrschen, obwohl in der BRD alle Deutsch sprechen.

## *2. Eine menschliche Politik*

Das glorifizierte Prinzip »immer weiter, immer höher, immer schneller« richtet sich mehr und mehr gegen uns. Durch die immer schnellere Entwicklung fühlen sich viele Menschen überfordert und dem System ausgeliefert. Angesichts der großen Probleme in den alltäglichen Bereichen wird für viele aus dem Leben ein Kampf ums Überleben, der die Eigeninteressen in den Vordergrund stellt. Immer mehr verbreiten sich Egoismus und das Ellenbogenprinzip. Die Menschlichkeit bleibt in unserer hochtechnologisierten Welt immer mehr auf der Strecke. Die Politik des 20. Jahrhunderts muß dagegen ankämpfen und neue soziale Wege gehen. Der »Wir«-Gedanke muß wieder gestärkt werden.

Aber wie kann eine sozialere und menschlichere Politik aussehen? Vielleicht so: In den Medien, in der Arbeitswelt, im öffentlichen Leben muß dem Jugendlichkeitswahn Einhalt geboten werden. Laß uns das ganze doch mal anhand von ein paar Zahlen betrachten. Was sagt uns die Statistik? Nach einer Definition der WHO (World Health Organization) werden:

- 60- bis 75jährige als ältere Menschen,
- 75- bis 90jährige als alte Menschen,
- älter als 90jährige als hochbetagte Menschen,
- und älter als 100jährige als langlebige Menschen definiert.

Also, ab 60 Jahren kann man überhaupt erst von einem älteren Menschen sprechen. Und bis zu diesem Alter fordern wir eine Gleichbehandlung im Beruf, in der Werbung, im Fernsehen und im sonstigen öffentlichen Leben.

- Altersheime sind alles andere als menschlich, schon allein durch die Tatsache, daß sie ältere und alte Menschen wie Aussätzige isolieren. Alle unter einem Dach heißt deshalb unsere Devise. Generationsübergreifende Wohnanlagen sind das Modell der Zukunft, denn wer will schon gerne in ein Altenheim.
- Der Gemeinschaftsinn muß bereits in der Schule gestärkt und das Konkurrenzdenken abgebaut werden. Der Unterricht muß daraufhin ausgerichtet sein. Auch ein soziales halbes Jahr im Krankenhaus, Kindergarten oder Altenheim würde dazu beitragen.
- Private Initiativen, die das große Netz der sozialen Sicherungssysteme durch viele kleine soziale Netze des Alltags ergänzen, bedürfen der Förderung: zum einen durch die Verfügungstellung von kostenlosen Räumlichkeiten und Helfern, zum anderen durch finanzielle Unterstützung. Solche privaten Initiativen können sein: Nachbarschaftshilfe, Einkaufservice, Besorgungsfahrten, Putzservice, Kinderbetreuung, Nachhilfegruppen, Betreuungs- und Pflegehilfe.
- Der Schulbeginn um 8 Uhr Morgens ist Kinder gegenüber

unzumutbar und auch für viele Mütter ein Horror. Es wäre viel angenehmer, wenn der Unterricht je nach Bedürfnis wählbar wäre – morgens oder nachmittags.

- Das Auge lebt mit. Wünschenswert wäre eine attraktivere Bauweise und Inneneinrichtung öffentlicher Gebäude wie die von Krankenhäusern und Behörden. Farbe und Ziegelbau statt grauem Beton. Architekten, die für Hunderttausende dieser Bausünden verantwortlich sind, müßten durch Wohnen gegenüber von diesen Objekten bestraft werden.

### *3. Eine saubere Politik*

Längst wissen wir, daß es um unsere Umwelt schlecht bestellt ist, und trotzdem meckern wir, wenn die Grünen fordern, daß der Benzinpreis steigen und Flüge teurer werden müssen. Früher oder später werden wir dem alle aus Vernunftgründen zustimmen müssen, und wahrscheinlich noch viel härteren Reglements – warum also nicht gleich? Verschließen wir nicht länger die Augen vor dem ganzen Dreck, der unsere Umwelt belastet – handeln wir! Der Umwelt und uns zuliebe muß es heißen: ***Wer die Umwelt verschmutzt, muß auch für ihre Reinigung bezahlen!***

- Allen voran die Wirtschaftsunternehmen, die maßgeblich an der Verschmutzung Schuld tragen, also die Automobilbranche, die Chemiekonzerne und die gesamte Konsumindustrie. Hier muß eine Ökosteuer angesetzt werden. Auch muß es Auflagen für diese Unternehmen geben, daß nur, wenn auch wieder eine umweltfreundliche Entsorgung gewährleistet ist, produziert werden darf. Die Entsorgung ist bei der Produktion bereits zu kalkulieren.
- Müllerzeuger, wie alle Hersteller von Dosen und allen möglichen Verpackungen, müßten verpflichtet werden,

Umwelttonnen auf ihre Kosten herzustellen, aufzustellen und für ihre Entleerung und das Recycling zu sorgen.

- Umweltsünder müssen massiv bestraft werden.
- Öffentliche Verkehrsmittel müssen von allen stärker genutzt werden. Dazu müssen sie attraktiver werden, nämlich kostengünstiger und häufiger im Einsatz. Am besten wäre eine kostenlose Nutzung im Stadt- und Regionalverkehr. Die öffentlichen Verkehrsmittel müßten rund um die Uhr fahren. Bundesweit muß die Bahn auf jeden Fall billiger sein als der Flugverkehr!
- Parallel dazu
  a) muß der Benzinpreis erhöht werden;
  b) müssen innerdeutsche Flüge doppelt so teuer werden;
  c) müssen Auslandsflüge preislich um einiges erhöht werden.
- Wie in anderen Ländern, muß für die Autobahnnutzung eine Gebühr verlangt werden.
- Der Transportverkehr muß wieder zurück auf die Schiene geführt werden.
- Motorsport ist nicht mehr zeitgemäß, hin zum Radsport heißt die Devise. Sportaktivitäten, auch Massensport wie Skilaufen, müssen mit der Umwelt in Einklang gebracht werden.
- Weg mit dem ganzen Atomdreck, der die Umwelt auf Millionen von Jahre vergiftet und unwiederbringlich verpestet! Besser ist es, alle Investitionen in die Förderung alternativer Energiegewinnung zu stecken, wie in die Solarenergie.
- Finger weg von der Natur! Die ganzen Flußbegradigungen und künstlichen Gewässerregulierungen sowie die Massenabholzung sind sofort einzustellen, um etwas Natur zu erhalten.
- Gentechnische Lebensmittel gehören eigentlich verboten, aber wenn sie schon auf dem Markt sind, müssen sie gekennzeichnet sein.

*Ex-Umweltminister Klaus Töpfer lächelt zufrieden.
Er weiß, Petra Perle wird in Zukunft für Sauberkeit sorgen.*

### *4. Eine gerechte und wirtschaftliche Politik*

Was wäre gerecht? Wenn jeder Arbeit hätte und gut verdienen würde, jeder angemessene Steuern zahlen würde und Frauen zu gleichen Teilen in der Regierung sitzen würden! Und wirtschaftlich wäre, wenn das Geld nicht für Kriegsspielzeug, sondern vernünftige Dinge ausgegeben wird.

- Frauen müssen in gleicher Anzahl wie die Männer in Parlamenten, Regierungen und Entscheidungsgremien sitzen und Mitspracherecht haben. Das muß nicht nur gesetzlich in jeder Partei festgelegt, sondern auch ohne

*Zwei Hausfrauen im Gespräch:*
*Christiane Herzog und Petra Perle.*

Quotenregelung von jedermann verstanden und akzeptiert werden.

Über einen Ausweg aus der Arbeitslosigkeit grübeln alle, aber keiner traut sich, das Problem tatkräftig in Angriff zu nehmen. Auch hier herrscht Egoismus vor. Denn das Problem wäre durchaus zu lösen, wenn Arbeit gerecht verteilt würde.

- Jobsharing: Aus zwei Jobs mit 40 Arbeitsstunden die Woche können bis zu drei Jobs geschaffen werden oder ein Vollzeit- und zwei Teilzeitjobs.
- Teilzeitjobs bis DM 1000,– steuerfrei! Das wäre ein Versuch wert und hätte viele Vorteile, denn die meisten Aushilfsjobs rechnen sich auf einer 1000-DM-Basis eher für Arbeitnehmer und Arbeitgeber. Somit wäre eine schnelle Arbeitsbeschaffungsmaßnahme gegeben und Schwarzarbeit könnte besser unterbunden werden.
- Der Arbeitslohn muß gerechter verteilt werden. Es geht nicht an, daß ein Tennisspieler oder ein Rennfahrer Millionen verdient, aber eine Krankenschwester nur einen Hungerlohn bekommt. Gerade in sozialen Diensten sind die psychischen Belastungen so groß und die Aufgaben übermenschlich anstrengend, so daß dort alle mindestens das Doppelte verdienen müßten.
- Arbeitsämter müßten privatisiert werden, um Arbeit effektiver verteilen zu können.
- Wer sich selbständig machen will oder es bereits ist, müßte durch Steuererleichterungen begünstigt werden, da Eigenverantwortung schwerer zu finanzieren ist und mehr Energie kostet.

Die Steuergesetze sind so undurchsichtig, daß dem Staat, obwohl er sie ja selbst geschaffen hat, jedes Jahr Millionen durch die Lappen gehen. Es kann nicht angehen, daß reiche Mogule mit über 40 Millionen Steuerschulden frei herumlaufen und ein kleiner Journalist, der seine Jahressteuer von DM 20 000,– nicht zahlen kann, gleich gepfändet wird.

- Eine einheitliche Grundsteuer wäre viel gerechter. Schluß mit den ganzen Steuerschlupflöchern und dem Abschreibungstrara!

*Ministerpräsident Stoiber und Petra Perle plauderten ungezwungen über das Thema »abstauben«.*

Auch der bekannte und erfolgreiche Finanz- und Wirtschaftsberater Manfred D. Degen sagt über die derzeitige Situation in unserem Land: **Der Staat ist krank!** Der Staat war sicher nie mächtiger als heute. Die herrische Regierung hätte es um 1910 nicht gewagt, soweit in die Privatsphäre ihrer Bürger einzudringen, wie es Einkommensteuerstellen, Finanzämter, Arbeitsämter heute routinemäßig in der freien Gesellschaft tun (Der gläserne Bürger). Nicht einmal die Geheimpolizei des Zaren interessierte sich für die Kontrolle der Sicherheit, wie wir sie heute als selbstverständlich betrachten. Auch wären für einen Bürokraten des Jahres 1900 die Art Fragebögen unvorstellbar gewesen, die heutzutage der

Staat automatisch und immer detaillierter ausfüllen läßt. Gleichzeitig ist der Staat der größte Arbeitgeber geworden.

Es zeigt sich immer mehr,

- daß der Staat eher groß als stark ist.
- daß der Staat viel kostet, aber nicht viel leistet.
- daß immer mehr Staatsbürger immer weniger an den Staat glauben.

Die Bürokratie, der Beamtenstaat muß weg. Privatisierung von staatlichen Unternehmen müßten auf schnellstem Weg umgesetzt werden.

- Neutrale Unternehmensberater statt Beamtensilos!
- Effektivität und leistungsgerechte Bezahlung durch neue Arbeitszeiten!
- Beteiligungsmodelle in Unternehmen für Mitarbeiter ermöglichen!

Die Sozialberufe der Großstädte wenden 70–80 % ihrer Zeit für das Ausfüllen von Formularen auf. Nicht mehr als 20–30 % ihrer Zeit, das ist etwa zwei Stunden pro Tag, stehen für ihre Klienten zur Verfügung. Durch Deutschland muß ein Ruck gehen. Wir müssen Abschied nehmen von liebgewordenen Besitzständen. Alle sind angesprochen, alle müssen Opfer bringen, alle müssen mitmachen!

- die Arbeitgeber,
  indem sie Kosten nicht nur durch Entlassungen senken, sondern durch neue Arbeitsmodelle.
- die Arbeitnehmer,
  indem sie Arbeitszeit und -löhne mit der Lage ihrer Betriebe in Einklang bringen.

- die Gewerkschaften,
  indem sie betriebsnahe Tarifbeschlüsse und flexiblere Arbeitsbeziehungen ermöglichen.
- der Bundesrat und Bundestag,
  indem sie die großen Reformprojekte jetzt rasch voranbringen und nicht nur heiße Luft reden.
- die Interessengruppen in unserem Land,
  indem sie nicht zur Last des Gemeininteresses wirken.

Die Bürger erwarten, daß jetzt gehandelt wird. Wäre es nicht ein Ziel

- eine Gesellschaft der Selbständigkeit anzustreben, in der der einzelne mehr Verantwortung für sich und andere trägt;
- eine Gesellschaft, in der nicht alles vorgegeben ist, die Spielräume zuläßt, in der auch demjenigen, der Fehler macht, eine zweite Chance eingeräumt wird;
- eine Gesellschaft, in der Freiheit der zentrale Wert ist und in der Freiheit sich nicht nur durch die Chance auf materiellen Zuwachs begründet;
- eine Gesellschaft, die Rücksicht nimmt auf kommende Generationen;
- eine Gesellschaft, die jedem die Möglichkeit einräumt, an der Wissensrevolution unserer Zeit teilzuhaben. Dazu gehört auch ein aufgeklärter Umgang mit der Technik im Computerzeitalter;
- eine Gesellschaft, die Europa als Teil ihrer politischen und kulturellen Identität empfindet und trotzdem bereit ist, in der bunter werdenden Welt eigene Traditionen zu bewahren;
- eine Gesellschaft, die sich der internationalen Verantwortung bewußt macht und für eine Weltordnung einsetzt, die Frieden und nicht Konflikte schafft?

Wir brauchen aber nicht nur den Mut zu solchen Visionen, wir brauchen auch die Kraft und die Bereitschaft, sie zu verwirklichen. Da sind zunächst die Reformen, über die schon viel zu lange geredet wird:

- Beispiel Lohnnebenkosten:
  Die sind zu hoch! Wann werden die Kosten der Arbeit endlich von versicherungsfremden Leistungen befreit?
- Beispiel öffentliche Verwaltung:
  Mein Lieblingsthema, die öffentliche Verschwendung! Wo bleibt ein modernes Haushaltsrecht, das Sparen belohnt und Verschwendung bestraft?
- Beispiel Abschaffung von Regeln:
  Ist es wirklich nötig, daß man bis zu 19 Behörden fragen muß, wenn man einen Produktionsbetrieb errichten will, obwohl hier neue Arbeitsplätze geschaffen werden?

Der Weg, in die von mir skizzierte Gesellschaft beginnt mit dem Nachholen all der Reformen, die bislang liegengeblieben sind. Wünschenswert ist es doch, sich umzusehen und von anderen Ländern zu lernen! Einige Beispiele:

- Neuseeland – hier hat man aus alten, unwirtschaftlichen Strukturen eine moderne Kommunalverwaltung aufgebaut.
- Schweden – hier wurde der veralterte Sozialstaat modernisiert.
- Holland – in Übereinstimmung mit den Tarifpartnern wurden die Arbeitsbeziehungen flexibler gemacht. Folge: Die Arbeitslosigkeit ist drastisch gesunken.
- USA – eine gezielte Wirtschaftsstrategie hat Wachstum ausgelöst und Millionen von Arbeitsplätze geschaffen.

Auch in einem vereinten Europa wäre die Politik der Zukunft, Bewährtes von anderen Ländern zu übernehmen, um so die Situation im eigenen Land zu verbessern.

### *5. Eine sichere Politik*

Wir brauchen eine weltweite Friedenspolizei, eine Berufsarmee unter dem Kommando der Vereinten Nationen, statt der ganzen nationalen Pflichtarmeen. Dann könnten wir auch unsere Bundeswehr zur Rettung unserer Natur und des Menschen umfunktionieren. Eine nationale Öko-Truppe sozusagen, der auch soziale Aufgaben unterstellt werden, vom Krankentransport, der medizinischen Versorgung im Notfall, der Feuerwehr bis zum Umweltschutz. Damit wären unsere Soldaten endlich sinnvoll eingesetzt, die Bevölkerung würde von ihnen profitieren und sie dafür lieben! Damit würde der Mann bei der Bundeswehr wieder Ansehen erlangen. Außerdem würde eine ständige Präsenz im öffentlichen Leben die Sicherheit auf unseren Straßen begünstigen. Heute, so zeigt der Vergleich mit dem alternativen Berufsbild des Hausmanns, ist der Job bei der Bundeswehr eher unattraktiv.

| **Der Mann bei der Bundeswehr** | **Der Hausmann** |
|---|---|
| mieses Tarnout-Outfit | auffällig eleganter Hausmantel |
| verschmutzt und dreckig | sauber und gepflegt |
| wird Alkoholiker | trinkt Tee |
| schwarze Fingernägelränder | manikürte Hände |
| kein Sex | viel Liebe |
| lernt Töten | lernt Putzen |
| schlechtes Essen | Hausmannskost |
| wird viel angeschrien | wird ständig gelobt |
| muß früh aufstehen | kann länger schlafen |
| lebt gefährlich und kurz | lebt schöner und sicher |

Wir müssen dringend dafür sorgen, daß kein unnötiges Geld mehr an diese hirnlose Einrichtung Bundeswehr (ich sag nur Eurofighter!) verschwendet wird. Es sieht ja wohl jeder einigermaßen vernünftige Homo sapiens ein, daß die verschleuderten Milliarden in sozialen Einrichtungen besser aufgehoben wären.

Um aber auch der Kriminalität und wachsenden Aggressivität entgegenzuwirken, muß das Fernsehprogramm unter eine humanistische Zensur gestellt werden. Ein Sender, der versucht, Einschaltquoten durch Brutalität, Horror und Schwachsinn in die Höhe zu treiben, gehört verboten. Denn: Es sind Kinder und Heranwachsende, die dabei zu Schaden kommen und zu psychischen Krüppeln werden. Fernsehen hat als öffentliches Medium einen Bildungsauftrag zu erfüllen und nicht die Verherrlichung von Gewalt zu kultivieren!

Auch Parteien, die nur ansatzweise versuchen, die Geschichte Deutschlands zu wiederholen, gehören rigoros verboten. Wir Deutschen müssen endlich einen Schlußstrich unter dieses kackbraune Kapitel ziehen! Gehen wir mit gutem Beispiel voran und schreiben wir ein neues Kapitel in der Geschichte. Braunes hat in der Politik nichts mehr verloren. Die Zukunft ist rosa! Wie schön wäre es, wenn Polizisten in dieser freundlichen Farbe gekleidet wären.

### *6. Eine globale Politik*

Abgesehen von all diesen angesprochenen Problemen im eigenen Land und in unserer Gesellschaft, gibt es natürlich noch viel mehr, was wir tun könnten, um möglichst vielen Menschen ein schöneres Leben zu ermöglichen.
Jeder einzelne kann aber dazu beitragen, wenn er versucht, an das Wohl unserer Mutter Erde zu denken. Deshalb muß es das globale Ziel sein,

- die Überbevölkerung in den Griff zu bekommen.
  Absolute Sofortmaßnahmen müssen getroffen werden, ohne Rücksicht auf religiöse Paradigmen. Die Geburtenplanung muß dem heute noch verfügbaren Lebensraum angepaßt und Verhütungsmittel müssen kostenfrei ausgegeben werden.
- die Umweltverschmutzung radikal zu stoppen.
  Die Wirtschaft und Industrie, die maßgeblich an der weltweiten Verschmutzung schuld sind, müssen zur Verantwortung in Produktion und Entsorgung gezogen werden.
- den Reichtum und Luxus einer privilegierten Bevölkerungsschicht gerecht auf möglichst viele Menschen zu verteilen.
- dafür Sorge zu tragen, daß alle Menschen weltweit human und sozial behandelt werden.
- daß wir alle dazu beitragen, gemeinsam unsere Lebensbedingungen zu bewahren und vor der Verschmutzung zu retten.

Das Ziel – eine saubere Welt – werden wir nur mit einem umfassenden Gemeinsinn erreichen, der das Ellenbogen- und Konsumprinzip ebenso überwindet wie einen weltweiten Egoismus des Menschen gegen die gesamte Natur.
*Was wir planen, entscheiden und in die Tat umsetzen, muß im Interesse aller sein, weltweit* ***und*** *vor der eigenen Tür.*

## Solidarität – Gemeinsam stark

Es geht nicht an meine Lieben, daß viele Frauen immer noch sagen »Politik ist Männersache« und den Herrn die Gestaltung unserer Zukunft alleine überlassen. Die Mißwirtschaft kann nur mit uns Frauen beendet werden! Also, Mädels, strengt euch an und werdet aktiv. Und vor allem soli-

*Für Christian Wulff von der CDU kam die Einsicht, daß ihn nur eine saubere Politik weiterbringt, zu spät.*

darisch. Denn daran hapert es noch massiv in unseren eigenen Reihen. Liebste Freundin, es ist von grundlegender Bedeutung, daß Frauen untereinander solidarisch sind!

Das hört sich eigentlich banal an – denkst Du jetzt sicher –, aber die Realität zeigt leider, daß Solidarität von Frauen zu Frauen im Alltag gar nicht selbstverständlich ist. Wahrscheinlich denkst Du nun, was soll dies vorsintflutliche

Emanzengewäsch, damit habe ich doch keine Probleme. So wie Du denken viele und Du hast bestimmt nicht Unrecht. Auch ich habe so gedacht. Schließlich habe ich mit meinen besten Freundinnen diesbezüglich auch nur positive Erfahrungen, trotz oder wegen mancher Meinungsverschiedenheit. Aber wir leben nach der Devise: »Wer die Freundin im Stich läßt, läßt sich ja nur selbst im Stich – und wer im Job eine andere Frau absägt, nützt meistens nur den Männern.« Und das ist wirklich bedeutsam, doch bevor ich zum Punkt komme, vorweg noch ein paar Infos.

Daß Frauen mittlerweile die besseren Bildungs- und Berufsabschlüsse haben und auch zahlenmäßig die Jungs an den Universitäten (und das sogar europaweit!) überholt haben, ist hinlänglich bekannt, jedoch hält, was so hoffnungsfroh begann, nicht lange vor. Denn sind Frauen erstmals im Berufsleben integriert, zeigen sich die eigenen hausgemachten Hürden. Obwohl gerade Frauen durch solche starken Eigenschaften wie »Einfühlungsvermögen, Offenheit und Hilfsbereitschaft« die optimalen Voraussetzungen für ein gut funktionierendes Team besitzen, können sie dies in der Praxis viel zu selten gemeinsam mit anderen Frauen umsetzen. Sie benutzen durchaus ihre Fähigkeiten für sich und ihre eigene Karriere, aber sie haben keinen Sinn für die Bedeutung der Solidarität unter Frauen, denn ihnen fehlt über Generationen hinweg die Übung der gegenseitigen Unterstützung und Hilfsbereitschaft, was sich leider bei der Karriere oft böse rächt.

Männer handeln stets und immer nach dem Motto: Weg mit der weiblichen Konkurrenz, lieber ein schlechter Mann als eine gute Frau! Sie sind stets »männer-solidarisch«, das heißt, wo immer möglich unterstützen sie das gleiche Geschlecht und agitieren ganz automatisch gegen Frauen –

und das Erstaunliche dabei ist, daß die meisten Frauen das gleiche tun! Frauen, egal in welcher Position, verhalten sich im Berufsleben oder in der Politik meist männerfreundlich. Oder wie wäre es sonst zu erklären, daß, obwohl es mindestens genauso viele Wählerinnen wie Wähler gibt, kaum Frauen in der Regierung sind. Gibt Dir das nicht zu denken?

Diese fehlende Übung im Zusammenhalt untereinander hat ihre Wurzeln in der Kindheit: Während Jungs durch Mannschaftssportarten wie Fußball und Volleyball lernen, was es heißt im Team zu kämpfen, dreht die kleine Prinzessin ihre Pirouetten auf dem Eis ganz alleine. Oder sie wird darauf getrimmt, am Schwebebalken oder am Klavier als zukünftige Primaballerina oder Solistin im Rampenlicht zu stehen. So wird der spielerische Umgang mit Wettbewerb und Konkurrenz, mit dem Einstecken von Niederlagen und dem Umgang damit in dieser Zeit des Lernens stark vernachlässigt – und zwar mit dem Resultat, daß Frauen viel tiefer von Rückschlägen und unfairer Konkurrenz getroffen werden und sich schlechter davon erholen als Männer. Ihnen fehlen keineswegs so hehre Eigenschaften wie Kompetenz oder sachliche Durchsetzungsfähigkeit, sondern sie haben schlichtweg versäumt, eine Lobby aufzubauen. Denk doch an die bayerischen Amigos und antworte ehrlich: Wer kommt weiter, ein Einzelkämpfer oder eine Seilschaft?

Um dieses weibliche Defizit der Solidarität auszugleichen bedarf es des Umdenkens. Frauen dürfen nicht nur nach ihren persönlichen Neigungen eine Wahl treffen, sondern müssen auch nach den Aufstiegschancen, nach dem Verdienst und nach der Nachfrage auf dem Arbeitsmarkt schauen. Außerdem müssen sie die Scheu verlieren und Mut zur Macht und zu Führungsjobs zeigen.

Und hier muß sich Frau bewußt sein, daß man es am besten zusammen schafft. Das heißt, liebe Schwestern, getreu dem Motto »Freiheit, Einigkeit und Sauberkeit« überlassen wir das öffentliche Leben, den Beruf und die Politik nicht den Männerseilschaften alleine! Nutzen wir unser eigenes Potential und die vorhandenen Interessengruppen und bauen wir noch mehr auf! Achten wir auf Inhalte und trennen da, wo es erforderlich ist, Gefühle von Sachebenen. Es ist O.K. mit einer Kollegin zu konkurrieren, aber es wäre besser wenn beide kooperieren, denn während ein männlicher Stürmer seine Mannschaft in der Regel im Rücken hat, ist die Frau ohne Lobby erst mal isoliert. Das schwächt die Position der Frau und fällt indirekt auf alle Frauen zurück. Um dies zu vermeiden, sollten wir die Kollegin, die einen guten Beitrag leistet, anerkennen, auch wenn wir sie nicht gerade lieben. Auch sollten wir akzeptieren, daß eine andere mal besser sein kann als wir selbst. Konzentration auf das fachliche Können ist hier angesagt und nicht die persönlichen Gefühle. Was für das Berufsleben gilt, sollte sich im Alltagsleben fortsetzen. Also, liebste Freundin, denke immer daran: Solidarität macht stark! Laß uns zusammenhalten!

Der Hausfrauen-Club 2000 ist jedenfalls eine Möglichkeit, die Solidarität zu stärken. Er ist auch eine Anlaufstelle für Ideen zur Verbesserung einer gerechteren und menschlicheren Politik. Für Anregungen und Unterstützung jeder Art ist der HFC 2000 dankbar. Also, wenn ihr nicht weiter nur dasitzen wollt und darauf wartet, daß etwas passiert, dann könnt ihr ewig warten. Gebt euch einen Ruck, Mädels, und

*Auf dem Weg nach oben: Petra Perle auf dem Tisch des Hypobankvorstands!*

*Eine für alle, alle für eine!*

werdet aktiv! Nur gemeinsam können wir etwas bewegen. Aber dann um so mehr. Versuchen wir es.

Informationen:
Hausfrauen-Club 2000,
P.O. Box 46, 82055 Icking

6. KAPITEL

# Das kleine ABC für die Hausfrau 2000

## Wissenswertes, Seriöses und Nützliches von A bis Z

### A wie Abenteuer Alltag

Die Vorstellung von dem grauen und langweiligen Alltag zuhause gehört der Vergangenheit an: Die Hausfrau 2000 freut sich auf jeden Tag und ist gespannt, was sie alles erleben darf. Wird der Briefträger zwei oder dreimal läuten, wird sie es schaffen, den Müll in die überfüllten Tonnen zu quetschen, wird der süße Typ von gegenüber wieder bei offenen Fenster duschen, wird es noch eine Frau Aktuell am Kiosk geben, wird das erwartete Tief auch wirklich über die Stadt niedergehen, um die Fenster endlich gründlich zu reinigen, wird sie es schaffen, beim Telefonieren mit ihrer Freundin die Nägel zu lackieren, wird es ihr gelingen bei dem Metzger, der wie Robert De Niro aussieht, noch eine Lasagne zu bestellen ohne rot zu werden – Spannung ohne Ende verspricht der Alltag einer Hausfrau 2000!

### A wie Alkohol

Alkohol, die Gesellschaftsdroge Nummer Eins, geht auch an so manch einer modernen Hausfrau nicht vorbei. Kritisch wird es für Dich, wenn Du von folgenden Fragen zwei mit »Ja« beantworten kannst.

1. Hast Du erfolglos versucht das Trinken zu reduzieren?
2. Stört Dich Kritik an Deinem Alkoholkonsum?
3. Hast Du Schuldgefühle wegen des Trinkens?
4. Zittert Deine Hand morgens beim Kaffeetrinken?
5. Brauchst Du schon morgens Alkohol, um in Schwung zu kommen?
6. Sind Deine Adern rund um Deine Nase gerötet?

Wenn Du jetzt zweimal »Ja!« gesagt hast, meine Liebe, hast Du leider ein ernsthaftes Problem. Der Alkoholsucht zu entkommen ist wesentlich schwerer als der Zigarettensucht zu entfliehen. Sich selbst von dieser Sucht zu befreien ist fast unmöglich. Mach Dir das Leben nicht zur Hölle und wende Dich an eine Beratungsstelle oder an Deine Hausärztin.

## A wie Alter

Frauen ab einem gewissen Alter sind angeblich nicht mehr gesellschaftsfähig, und nicht mehr so richtig jung aussehenden Frauen gelten oft als uninteressant, öde und fad; Männer dagegen sollen mit zunehmendem Alter an Charakter und Ausstrahlung gewinnen. Sicherlich ist Dir nicht entgangen, wie negativ und abwertend mit uns Frauen und dem Älterwerden in dieser männerdominierten Gesellschaft umgegangen wird. Aber: Bei einer durchschnittlichen Lebenserwartung von 78,7 Jahren bei den deutschen Frauen (und von 72,6 Jahren bei deutschen Männern) kannst Du Dir, liebste Freundin, im Handumdrehen ausrechnen, daß Frau mit 35 oder 45 Jahren das Gegenteil von alt ist.

Älter werden ist kein persönliches Handicap, dessen Frau oder Mann sich schämen muß, sondern Altern ist ein Prozeß im Leben eines jeden Menschen, der ganz individuell verläuft. Wann auch immer wir den persönlichen Beginn des Alterns sehen, müssen wir uns bewußt sein, daß das Leben veränderbar ist, nämlich indem wir es selbst gestalten. Mit der Art und Weise, wie wir es betrachten, interpretieren und bewerten, ändert es sich auch!

Wir Frauen haben das Recht, unser Leben selbst zu definieren, und wir dürfen auch ohne Tränen Vierzig und älter werden. Mit den Worten von Isabella Rosselini »Ich repräsentiere individuelle Schönheit und Persönlichkeit und nicht eine, die von außen diktiert wird.« Hoffen wir also gemeinsam, daß die unheilige Allianz von Jugend- und Schönheitskult, die gerade uns Frauen so hart trifft, bald in sich zusammenfällt!

## Ä wie Ärgern

Die meisten Menschen regen sich viel zu viel über Kleinigkeiten auf. Das fängt bei einer offenen Zahnpastatube an und endet vor Gericht. Hat es alles schon gegeben! Egal was passiert – wenn Du eine Vase zertrümmerst, Dir ein Glas zerbricht, Du Dein Auto zu Schrott fährst, Dein Mann schlecht gelaunt ist, die Kinder nerven – überlege Dir: »Muß ich mich jetzt wirklich aufregen?« Frage Dich: »Lebe ich noch?« und wenn Du mit »Ja« antworten kannst, ist sowieso alles O. K. und in Ordnung. Was passiert ist, ist passiert und eh nicht rückgängig zu machen! Deshalb ärgere Dich nicht.

## A wie Angst

»Angst essen Seele auf« heißt ein wunderschöner Film von Rainer Werner Fassbinder. Und wer keine Angst hat, hat mehr vom Leben!

Leider sind wir mit einer Vielzahl von Ängsten »gesegnet«, die von unseren Eltern, Lehrern, Vorgesetzten, von der Politik und Gesellschaft ständig geschürt und manipuliert werden. Die Angst ist das Gefühl, mit dem man die Menschen am einfachsten manipulieren und beherrschen kann: Angst vor Arbeitslosigkeit, Angst vor Krankheit, Angst vor dem Verlassenwerden, Angst vor Strafe, Angst vor der Prüfung, Angst vor dem Leben, bis zur Angst vor dem Tod. Immer wieder beherrschen und leiten uns diese Ängste in unseren Entscheidungen oder in unserem Lebensplan. Oft werden wir uns dessen gar nicht bewußt. Angst ist wie ein unsichtbares Korsett, das die Menschen bei der Stange hält, damit sie nach dem Willen ihrer Unterdrücker in Familie, Staat, Kirche und Gesellschaft brav funktionieren.

Übertriebene, ja krankhafte Angst ist oft ein Zeichen von einem ungelösten, persönlichen Problem aus der Vergangenheit. Im Alltagsleben reicht eine gesunde Vorsicht, ein ruhiges Abwägen der Risiken vor der Entscheidung, um uns vor den vielen Fallen des Lebens zu warnen. Darum mein Rat: Laß Dich von keiner Angst in Panik versetzen! Bewahre unbedingt die Ruhe! Sobald die Ängste hochkommen, setze Dich zurück, entspanne Dich und schaue Dir Deine Angst in Ruhe an: Woher kommt sie, ist sie begründet, und warum kommt sie jetzt gerade hoch? Wenn Du nicht zur Ruhe kommst, rufe eine gute Freundin an und sprich mit ihr über Deine Ängste. Oft müssen diese Ängste nur einmal laut und deutlich ausgesprochen werden, und damit sind sie gebannt, ausgetrieben wie ein lästiger Dämon. Gute Freundinnen helfen sich dabei gegenseitig. Wenn Deine Ängste öfter auftauchen, ziehe eine psychologische Beratung in Betracht.

### A wie Anrufbeantworter

Auf Anrufbeantwortern solltest Du – auch bei Freunden von Dir – freundliche, sachliche und informative Botschaften hinterlassen: kurz und knapp und keine Intimitäten. Schließlich weiß man nie, wer beim Abhören noch zuhört!

### A wie Archäologe

> *»Ein Archäologe ist der beste Mann, den eine Frau haben kann; je älter sie wird, um so mehr interessiert er sich für sie.«*
>
> *Agatha Christie*

### A wie Aromatherapie

Therapiere Dich selbst, von Angst, Streß oder Langeweile, durch die wohltuende Kraft der Aromen und Essenzen. Duftstoffe dringen durch unsere Nase direkt ins Gehirn und beeinflussen uns dadurch so schnell und unmittelbar, daß wir es oft gar nicht merken. Darum ein paar Tropfen Rosenblütenessenz in die Duftlampe, ins Badewasser oder auf die Heizung im Schlafzimmer, und plötzlich kommen all die zärtlichen Gefühle wieder hoch, die Du in letzter Zeit so sehr vermißt hast. Streß und Ängste fallen von Dir ab. Du wirst sehen, wenn Du den Düften einen Platz in Deinem Leben einräumst, dann werden sie Dich mit vielen wundersamen und betörenden Erlebnissen mehr als reich beschenken.

## B wie Belästigung

Es kommt leider immer wieder vor, daß wir Frauen von aufdringlichen Männern belästigt werden. Was können wir dagegen tun?

*Bei Möchtegern-Casanovas nebenbei erwähnen:*

- Ich komme gerade vom Frauenarzt – leider Scheidenpilz!
- Ich interessiere mich nur für Frauen!
- Meine vier Kinder warten zu Hause!
- Ich habe einen IQ von 240!

*Bei besonders penetranten...*

- Mir ist leider nicht so gut, kannst Du mich nach Hause bringen (dazu leichtes Würgen vortäuschen)?

*Bei handgreiflichen Anmachern*

- Nicht HILFE, sondern FEUER schreien, denn da eilt selbst der ängstlichste Spießbürger zu Hilfe (es könnte ja materieller Besitz, das höchste Gut der Deutschen, in Gefahr sein!).

## B wie Briefmarken

Die Philatelie war bis vor kurzem ein aussterbendes Hobby. Doch mein P.A.T. (Post-Aufmerksamkeit-Test) hat wieder neuen Wind in dieses angestaubte Metier gebracht: 500 selbstgemalte, handgezähnte Briefmarken habe ich verschickt, und alle wurden abgestempelt! Was deutlich beweist, daß die Umstellung von Mensch auf Maschine ein Fehler war – der Postcomputer erkennt die Täuschung nicht und stempelt alles ab. Hier ein paar Beispiele:

100
Petra Perle
MÜNCHEN
80469
80469
Handarbeit ist schön
100
100 fünfzig Jahre Dauerstau in München
110
Petra Perle
100
MÜNCHEN
80469
Petra Perle
80469
BRIEFZENTRUM 80

## B wie Buchstabierungs-Alphabet für Hausfrauen

A – Abfall
B – Besen
C – Citruskraft
D – Dosenöffner
E – Eimer
F – Fleck
G – Gummihandschuh
H – Herd
I – Igitt
J – Jalousie
K – Kochen
L – Lappen
M – Mulinex
N – Nudelbrett
O – Ofen
P – Putzen
Q – Quirl
R – Rasenmäher
S – Staubsauger
T – Topf
U – Unrat
V – Vim
W – WC
X – x-beliebig
Y – Yoghurt
Z – Zahnbürste

## C wie Charakter

Besser einen guten als einen schlechten,
besser einen als gar keinen ...

Vorsicht, der Charakter hinterläßt oft seine Handschrift, die viele zu lesen verstehen: Bösartigkeit spiegelt sich um den Mund, Egoismus sticht aus den Augen, Härte zeigen die Backenknochen, Kälte liegt in manchem Händedruck. Deshalb versuche stets, liebe Freundin, auch wenn Du Dich innerlich ärgerst, mit Liebenswürdigkeit die Schwierigkeiten zu überwinden und Charakterstärke zu zeigen. Keep Smiling!

## C wie Computer

Ich – liebste Freundin – bin der lebende Beweis, daß es für die Steigerung des Lebensglücks keineswegs notwendig ist, einen Computer zu bedienen oder gar beherrschen zu können. Dennoch blieb auch mir im Laufe meiner Karriere als Schlagersängerin und Produzentin eine Begegnung mit dieser Art nicht erspart. Ich habe dann schnell festgestellt, daß der erfolgreiche Umgang mit dem Computer ausschließlich von der inneren Einstellung abhängt. Falls auch Du nicht völlig PC-los glücklich werden willst, möchte ich Dir, liebste Freundin, doch noch verraten, wie Du im Umgang mit Deinem Computer viel Geld sparen und dabei gleichzeitig mehr Freude haben kannst.

Von besonderer Wichtigkeit ist der richtige Umgang mit dem PC, um fiese Leistungseinbrüche zu vermeiden. Wende Deinem PC niemals den Rücken zu, halte die Maus mit festem Griff, und drücke jede Taste ohne zu zögern. Drücke im Zweifelsfall lieber ein paar Tasten zuviel, denn sonst könnte Dein PC Deine Unsicherheit spüren. Um ihn vollends zu täuschen, solltest Du über alle auftretenden Fehlermeldungen großzügig hinwegsehen, und vor allem darfst Du niemals auch nur das geringste Interesse an den Ergebnissen Deiner Arbeit erkennen lassen!

Von den »Dosen« wie die PCs auch genannt werden, halte ich ja nicht so viel. Ich bin Apfelfan, da mir dieser wunderbare Computer sagt, wenn was nicht stimmt und mir farblich anzeigt, was ich überhaupt an Service nutzen kann. Er bietet mir Alternativen an, wenn ich unsicher bin, fragt mich höflichst, ob ich wirklich alles löschen will, und falls es mal passiert, ist mit einem Knopfdruck alles wieder da. Ich liebe ihn, er ist so zuverlässig und so einfach zu bedienen!

## D wie Depression

Wie schön hat sich das Leben noch angefühlt, bei der ersten Liebe, vor dem Traualtar, in der Hochzeitsnacht und dann beim ersten Kind. Doch von da an ging's bergab. Nur Kinder, Küche, Haushalt und ein müder Ehemann, der abends von der Arbeit nach Hause kommt und sich vor dem Fernseher oder mit seinen Kumpels mehr vergnügt als mit der eigenen Frau und Familie – das alte Lied! Und zurück bleibt die Hausfrau mit den frustrierten Kindern und dem schleichenden Gefühl, daß sie irgend etwas in ihrem Leben falsch gemacht haben muß. Aber es zeigt sich kein Ausweg, und so wird das schleichende Gefühl immer mehr zum Komplex, zur schwarzen Wolke, die die Seele trübt und plötzlich hat sie eine Depression! Nun zieht sie sich noch immer mehr zurück von ihren Freundinnen, aus Scham und Angst vor Schande. Der Mann weiß sich nicht mehr zu helfen, ist nur noch genervt von seiner komplizierten Frau und sucht sich lieber eine andere. Und schon sitzt sie alleine da, mit ihren Kindern und der Depression.

Vorsicht vor dieser Ehefalle, liebe Freundin, denn sie ist weit verbreitet! Oft ist der Grund für diese Art von Depression ganz einfach nur der falsche Ehemann! Und nur weil Frau mit ihm Kinder hat, fühlt Frau sich ihm verpflichtet und hilflos ausgeliefert bis an das Ende ihrer Tage. Gott sei Dank scheinen die meisten Frauen dieser Krankheit langsam zu entfliehen. Darum haben wir heute ja bereits eine Scheidungsrate von 47 % in der deutschen Bevölkerung.

Nur Mut, liebe Freundin, kein Mann ist es wert, wegen ihm in eine Depression zu verfallen! Steig aus, aus diesem frustbetonten Leben! Quäle dich nicht länger! Bade nicht länger in Deinen Selbstvorwürfen, Ängsten und in Deinem Selbstmitleid! Raffe Dich auf und suche Dir am besten ärztliche Hilfe. Eine gute Therapeutin wird mit Dir schnell die Gründe ausfindig machen. Oft weißt Du sie eigentlich längst schon selbst. Du hast Dir nur den Weg dahin verschlossen.

### D wie Diäten

In der Politik sollten Diäten prinzipiell halbiert werden, um die Haushaltslöcher zu stopfen, die unsere Politiker hinterlassen haben. Bei Übergewicht empfehle ich ebenso eine Reduzierung, die sogenannte Trennkost: »Die Kensington Diät« von Stephen Twigg. Bist Du schwer gefährdet und überkommt Dich der kleine Hunger auf Süßes? Dann leg Dir ein Gummibärchen-Orakel. Damit erfährst Du Erstaunliches über Dich und Dein Leben und hast noch was Süßes zum Aufessen. Oder nimm Dir den Rat von Miss Piggy zu Herzen: »Niemals mehr essen, als man haben kann!«

**D wie Dildo**

Auf seine Gesellschaft möchte ich nicht mehr verzichten. Geduldig und stramm wartet er, allzeit bereit, auf seinen Einsatz. Ich muß keine großen Verführungskünste anwenden, ein einziger Handgriff genügt, und er legt los. Er schnurrt wie ein Kater und ist ausdauernd wie ein Marathonläufer. Seine stattliche Größe läßt jede Banane vor Neid erblassen. Er braucht keine Zigarette danach und zieht sich nicht vor meinem Höhepunkt zurück. Sein Name ist Dr. Dragon.

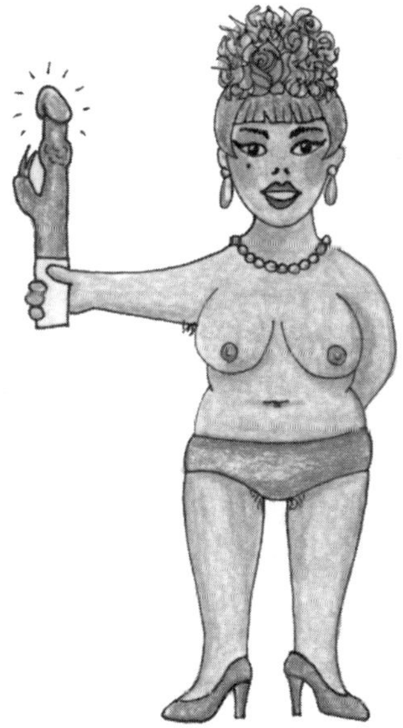

**D wie Dummheiten**

Dummheiten sind dazu da, um aus ihnen zu lernen. Siehe auch Ä wie Ärgern.

**E wie Ehekrise**

Jede Ehe geht man zu Anfang fürs ganze Leben ein, doch ob man wirklich füreinander bestimmt ist, findet man meistens erst heraus, wenn es zu spät ist. Darum sollte eine Ehe für beide Partner nie zur Zwangsjacke werden.

Auch wenn ihr gut zusammenpaßt, seid ihr vor Ehekrisen nicht geschützt. Unsere angeblich so moderne Leistungsgesellschaft führt über kurz oder lang fast jede Ehe in die Krise. Mann und Frau verlieren sich in Beruf, Haushalt oder Kindern, statt sich der Entfaltung ihrer Liebe zu widmen. Jede Beziehung ist wie eine zarte Pflanze. Wenn sie nicht täglich gepflegt und gegossen wird, trocknet sie aus und stirbt.

Oft ist eine Ehekrise wie ein langes vorüberziehendes Gewitter. Es kracht und blitzt, es gibt reichlich Tränen und Zerstörung. Danach zieht wieder Ruhe ein, man sieht sich den entstandenen Schaden an und beginnt aufzuräumen. Wenn dann noch genug Liebe und Achtung füreinander vorhanden ist, lohnt sich der Kampf. Denn jede Ehekrise ist auch eine Chance: zum Neuanfang, zur Veränderung, zur Weiterentwicklung. Durch sie könnt ihr lästige und eingefahrene Verhaltensweisen über Bord werfen und nach neuen, kreativen Lösungen für eure Probleme suchen. Aber das ist, wie gesagt, kein Kinderspiel. Dazu gehören viel Liebe, Geduld und Toleranz, von denen oft nach einer Ehekrise nicht mehr viel vorhanden ist. Nur wenn ihr euch wirklich immer noch liebt und schätzt, könnt ihr diesen Weg gemeinsam gehen. Sonst ist es besser und gesünder, wenn jeder seinen eigenen Weg geht, bevor ihr euch gegenseitig zerfleischt – lieber ein Ende mit Schrecken, als ein Schrecken ohne Ende.

## E wie Eifersucht

Wenn ich bei mir oder meinem Gegenüber auch nur die geringste Eifersucht hochkommen spüre, läutet bei mir sofort die innere Alarmglocke. Vorsicht, hüte Dich davor! Eifersucht erzeugt immer nur Leiden, Schmerz und Bösartigkeit. Die grauenvollsten Verbrechen und oft sogar Morde geschehen aus Eifersucht. Jeden Tag kannst Du in der Zeitung darüber lesen – ein Mann erschießt seine Frau und ihren Geliebten oder löscht seine ganze Familie aus, weil seine Frau ihn verlassen will.

Eifersucht ist eine schlimme und gefährliche Sucht, die Dich unaufhaltsam in ihren Strudel von Bosheit und Gewalt mit hinunterzieht, wenn Du Dich ihr nicht sofort entziehst! Eifersucht macht unberechenbar und gewalttätig, in Worten wie in Taten. Aber was kann Frau dagegen tun, um sich vor ihr zu schützen? Mein Rat: Halte Dich von eifersüchtigen Menschen unbedingt fern! Und wenn die Eifersucht Dich selber packt, weil Dein Schatzl eine andere hat oder Du einen Schatzi nicht kriegen kannst, dann umgebe Dich anderweitig mit Liebe! Lenke Dich ab von den quälenden Gedanken.

Eifersucht entsteht immer dort, wo eine Liebe verschmäht oder Liebe plötzlich entzogen wird. Drum such nicht länger dort nach der Liebe, wo sie nicht herkommt, sondern hol sie Dir, wo man sie Dir gern und reichlich gibt: von Deiner guten Freundin, von Deinen Kindern oder Kuscheltieren, von schönen Erlebnissen mit lieben Menschen oder einem anderen Mann. Das heilt am besten von jeder Eifersucht und läßt sie zerplatzen wie eine Seifenblase.

## E wie Entspannung

Entspannung ist das beste und einfachste Mittel gegen den Terror des Alltags, der uns täglich mit neuem Streß, Problemen und Sorgen überschüttet. Die Entspannung ist das Tor zu unserer Seele und zu unseren Gefühlen. Sie schließt das verkrustete Herz wieder auf und macht uns empfänglich für die schönen Seiten des Lebens.

Es gibt viele Methoden, die Dir helfen können richtig entspannen zu lernen: Meditation und Yoga, autogenes Training, die Fünf Tibeter oder die Silva Mind-Technik. Probier in Ruhe aus, welche Methode Dir am besten liegt. Ich habe aus den verschiedenen Angeboten meine eigene Technik entwickelt: Für die schnelle Entspannung eine Minute ganz tiefe Atemzüge bei geschlossenen Augen. Dabei träume ich von den zärtlichen Stunden mit meinem Schatzi, was er alles mit mir anstellt und ich mit ihm! Das entspannt sofort und funktioniert überall!

Bei stärkerer Anspannung wirkt eine heiße Schaumbadewanne mit Duftessenzen, in der ich mich gemütlich meinen schönsten Träumen hingebe. Wahre Wunder wirkt auch eine gute Massage, Sauna oder Dampfbad! Danach fühle ich mich jedesmal wie ein neuer Mensch. Das tut nicht nur dem Körper gut, sondern vor allem der Seele und den geschundenen Gefühlen! Die Batterie wird wieder aufgeladen, und ich bin plötzlich wieder offen für alle schönen Seiten des Lebens.

## E wie Europäisch

Als Europäerin kennt die Hausfrau 2000 die wichtigsten ökotrophologischen Aussagen in den wichtigsten europäischen Sprachen. Unverzichtbar, wenn Hausfrauen reisen, ist die Konversation in Lautsprache.

1 = Italienisch
2 = Französisch
3 = Spanisch
4 = Englisch

JA
1 = Si
2 = Wie
3 = Si
4 = Jeß

NEIN
1 = No
2 = No
3 = No
4 = No

WARUM NICHT
1 = Perke no
2 = Purquapa
3 = Porke no
4 = Wei not

IST SCHON KLAR, SICHER
1 = Wabene kosi
2 = Bia sür
3 = Esta klaro
4 = Schur

WASCHEN
1 = Laware
2 = Lawe
3 = Laware
4 = Wosching

ICH HAB KOPFWEH
1 = Mi famale la testa
2 = Sche mal ala tet
3 = Tengo do lor de kawesa
4 = Mei hädäk kils mi

FREUNDIN
1 = Amika
2 = Lami
3 = Amiga
4 = Görlfränt

SEHR GUT
1 = Bonissimo
2 = Drebja
3 = Mui bien
4 = Weri gud

WIR WERDEN SCHON SEHEN
1 = Diwendera
2 = Ohwera
3 = Wamos a wer
4 = Wi will si

ICH LIEBE DICH
1 = Io tiamo
2 = Schötäme
3 = Teikjero
4 = Ei lof ju

VERURSACHEN MÄNNER HIER AUCH SO VIEL SCHMUTZ?
1 = Im tutele tschi ta jiomeni solo sporki
2 = eske les omes isi sont osi de kuschant
3 = Estan los ombres kauseando aki danto susio tambien
4 = du män hier mäik a lot of dört, tu

ICH MÖCHTE AUF JEDEN FALL AUSSCHLAFEN!
1 = Woräi domire a lungo
2 = sche wö dorir schuska midi
3 = Portodos modos kjero dormir asta ke me despijerto
4 = I wont tu sliep long

WO GIBT'S WAS ZU RAUCHEN?
1 = Dowe tsche da fumare
2 = u sche truf kelkeschose a fümeh
3 = Donde ai algo a fumar
4 = Wer ei feint pot

SCHÖN SAUBER HIER!
1 = Ä molto polito qoa
2 = se propre isi
3 = Ke limpia esta a ki
4 = neiß klien hir

WAS FÜR EINE UNORDNUNG!
1 = Kä inordinä
2 = Kell bordell!
3 = kä kaos
4 = Wot a mess!

WEG MIT DEM SCHMUTZ!
1 = Wia con li mondizia
2 = on lewe la salte
3 = Fuerra kon el susio
4 = Srou awäi sä gaabitsch

FRAUENPOWER
1 = forza delle Donne
2 = la forse de famm
3 = Fuersa dellas Mucheres
4 = Wumenpauer

ICH HABE HUNGER
1 = Io o Fame
2 = Sche Fa
3 = Tengo Ambre
4 = Eim so hangri

**F wie Fairneß**

Der Begriff »Fair« umfaßt, was eigentlich jeder Mensch in der Beziehung mit anderen pflegen sollte: Anstand, Gerechtigkeit, Unparteilichkeit.

## F wie Feminismus

Feminismus ist das übertriebene Weiblichkeitsbewußtsein, der entartete Superlativ von Emanzipation, der Kampf der Frauen für ein neues Selbstverständnis und laut Fremdwörter-Duden das Vorhandensein weiblicher Geschlechtsmerkmale beim Mann oder bei männlichen Tieren.

## F wie Fernsehen

Ärgerst Du Dich auch ständig über das schlechte Fernsehprogramm? Leider gibt es bis heute noch keinen Mistfilter, den sogenannten CLEAR MIND, der uns sofort und schmerzlos aus dem Dilemma befreien könnte. Dieser »Gute-Geschmacks-Detektor« würde helfen, ein verbessertes

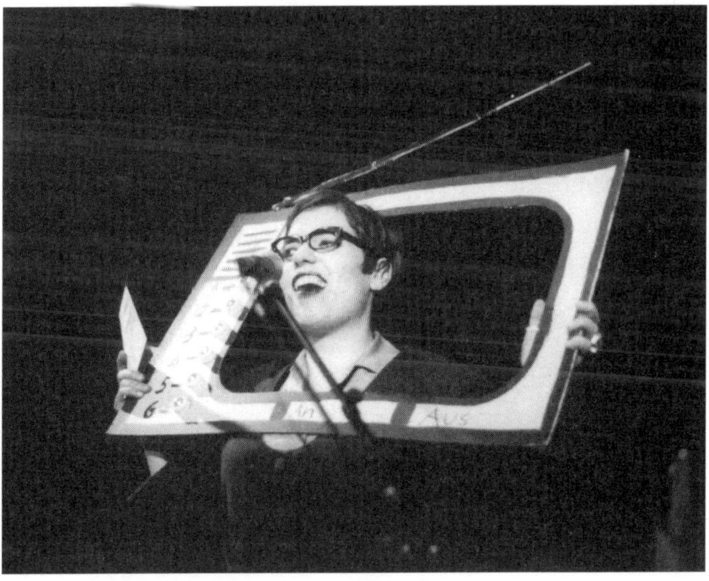

*Mein erster Auftritt im Fernsehen*

TV-Programm herauszufiltern. Bekanntlicherweise ist es gar nicht so einfach bei 140 Stunden Talkshows in der Woche die sinnvollste und informativste Quasselstunde herauszufinden. Das wäre kein Problem für den CLEAR MIND. Einfach am Fernsehgerät installieren, einschalten und die Empfehlungen abwarten; seine Bewertungsskala reicht von 1 = sehenswert bis 6 = grottenschlecht. Aber leider werden wir noch etwas auf diese Erfindung warten müssen.

Schade, denn angesichts der steigenden Kriminalität bei Kindern, könnte es nicht schaden, wenn auch dieses Gerät mit Gewaltfilter lieferbar wäre. Schon in den 80iger Jahren stellten Medienwissenschaftler fest, daß sich Gewaltdarstellungen im Fernsehen negativ auf Kinder und Jugendliche auswirkt. Die Quittung haben wir längst bekommen. Kinder sind zu Attentätern und Mördern geworden, motiviert durch die Gewaltverherrlichung im Fernsehen. Die Lösung liegt nahe: Der Gewaltverherrlichung muß ein Ende gesetzt werden, indem Filme dieser Art verboten und aus dem Programm genommen werden, lieber heute als morgen!

## F wie Fremdgehen

Fremdgehen ist ein Zeichen, daß in Deiner Beziehung etwas nicht stimmt. Überlege Dir gut, ob es nicht besser ist, an Deiner Liebe zu arbeiten, als alles aufs Spiel zu setzen. Oder ist die Beziehung schon zu Ende und nicht mehr zu retten? Wenn Du dann nicht anders kannst, rate ich Dir zu absolutem Stillschweigen. Ein Geheimnis ist ein Geheimnis ist ein Geheimnis!

## G wie Geburtstag

Das Schönste am Geburtstag sind Geschenke!

## Geschirr!

Flache Teller und Schüsseln fallen in Ungnade.
Abspülen und Speisen auftragen,
Heißt jede Verantwortung ablehnen.
Geräte und Stecker ausstecken
Verärgert alle unzufriedene Geschirrtücher.
Geschirr schändlich zum Discus-Werfen
Zu benutzen macht krank.
Oh, ich will mich freimachen von diesem Ungleichgewicht.
Ich verkleide und maskiere meine Handschrift.
Fakten werden absichtlich verschleiert.
Ich mache keinen Hehl daraus:
Geschirr bringt mich aus der Fassung.

Lexikanisches Gedicht von Petra Perle

Willst du mehr über die lexikanische Kunst wissen, dann kontaktiere das Lexikanische Institut in München.

## G wie Geld

Geld – und das kann man gar nicht oft genug sagen – ist nicht das Wichtigste, um glücklich zu werden. Reichtum hat viele Gesichter, nur sind sie uns oft gar nicht mehr bewußt: Sie sind für uns so alltäglich geworden, so selbstverständlich, daß wir sie nicht mehr wahrnehmen. Jeder Mensch, der gesund ist, ist reich. Jeder Mensch, der Zeit hat, ist reich – was beweist, daß Reichtum nicht mit Geld zu bezahlen ist. Somit ist Geld nur noch eine Erfindung, wie eine Droge, die uns süchtig nach mehr macht. Geld kommt selten von Herzen, es wird meist aus der Gesäßtasche gezogen. Ich plädiere schon lange für den Heart-Dollar, ein Geldstück in Herzform, für herzliche Gesten und Geschäfte. Ein Heart-Dollar hat immer einen stabilen Kurs, und sein Wert ist eigentlich unbezahlbar.

## G wie Geschenke

Schenke nie, was Dir selbst nicht auch gut gefällt. Schenken kann man problemlos an jedem Tag im Jahr, es muß nicht immer nur der Geburtstag sein. Geschenke über die sich viele freuen: eine Tüte Erdnußflips, warme Handschuhe, ein Petra Perle-Buch, Essig und Öl, ein Flaschenöffner, ein Kasten Bier, eine schöne CD, zwei Tickets für ein Konzert oder einen tollen Event, eine schöne Uhr, eine Porzellanfigur, eine Tüte Gras, eine Dose Sauerstoff, einen edlen Grappa, ein Badehandtuch, italienische Pasta, ein Visitenkartenbuch, eine Magnetfigur für den Kühlschrank, eine Wärmflasche, eine Kuscheldecke, eine gutriechende Seife, ein schönes Photoalbum...

### G wie Gemütlichkeit

Ob in Nowosibirsk in der sibirischen Tiefebene, in Tschangscha im chinesischen Landkreis Dschung-King oder in Montes Claros im brasilianischen Bergland – Gemütlichkeit ist überall ein gern gesehener Gast: Gemütlichkeit kennt keine Grenzen, Gemütlichkeit ist grenzenlos.

Das A und O eines gemütlichen Feierabends ist die klassische Kaminromantik: Kuscheln und Küssen vor dem knisternden Kaminfeuerchen. Gerade wir verfrorenen Eingeborenen aus den doch ziemlich ungemütlichen Breitengraden, brauchen diese Entspannung der Superlative. Zum Glück gibt es Edgar's Fireplace auf Video zum Bestellen, die feurige Romantik auf dem Fernsehbildschirm. Das Video-Feuer brennt eine Stunde lang und verbreitet prima Klima auch in Deiner Wohnung! Einfach Videokassette einlegen und schon flackert und knistert es los. Zu Bestellen bei »Edgar's-Fireplace«, Heimhuder Straße 58, 20148 Hamburg.

### G wie Glück

Du kannst Glück nicht kaufen, aber wesentlich dazu beitragen, daß es Dir über den Weg läuft. Glück ist, wenn Du Dir ständig eine Chance gibst, zu gewinnen. Schicke so viele Glücksschweine wie möglich ins Rennen – eines wird Dir garantiert Glück bringen!

Die fünf goldenen Regeln zum Glücklichsein:

1. Wenn Dir etwas gefällt, genieße es!
2. Wenn Dir etwas nicht gefällt, gehe ihm aus dem Weg!

3. Wenn Dir etwas nicht gefällt und es nicht zu vermeiden ist, ändere es!
4. Wenn Dir etwas nicht gefällt, Du es nicht vermeiden und auch nicht ändern kannst oder willst, akzeptiere es!
5. Man akzeptiert etwas, indem man seine Einstellung dazu verändert!

*José Silva Burt Goldmann*
Die Silva Mind-Methode

**G wie Größe**

Weil Größe in unserer Gesellschaft gleichbedeutend mit »imposant« ist und eine Art Macht bedeutet, sind natürlich alle Tricks erlaubt, die Frau parat hat. Wenn Du einen ganz wichtigen Termin hast, von dem viel für Dich abhängt und Du weißt, daß Du es mit großen Menschen zu tun haben wirst, dann solltest Du Dich selber groß fühlen. Hohe Absätze, ein Hut oder eine Hochfrisur machen Dich größer, ebenso lange Stiefel bei kurzen Röcken oder lange, streckende Röcke. Auch breite Schultern (Polster) lassen Dich größer und wichtiger erscheinen. Leg Dir also für solche Gelegenheiten eine »Rüstung« zu, die Dein Äußeres vergrößert.

**H wie Handarbeit**

Häkelanleitung für einen Kaffeetassenschoner mit Unterteller

Material: 100 g Scheejes-Wolle »Stiga«
Perl-INOX-Häckelnadeln Nr. 2
Muster: Luftmaschen – LM
Feste Masche – FM
Stäbchen – Stä

7 LM anschlagen, Kreis mit eine FM schließen, in jede LM 7 Stä einhäckeln, bis eine Spirale entsteht. Ca. 4 Reihen,

bis der Unterteller nicht mehr zu sehen ist, jetzt 2 Reihen wieder abnehmen bis zur Tasse. Stä folgt auf Stä, Henkel erstmal freilassen und später separat mit FM umgarnen. Ab dem Tas-

senrand abnehmen bis sich der Kreis schließt, Faden abschneiden und vernähen. Fertig ist Dein Kunstwerk!

## H wie Handkuß

Nie war er so wichtig wie heute: Die Wiedereinführung des appetitlichen Handkusses ist heute wichtiger denn je. Ich habe im wahrsten Sinne des Wortes »die Schnauze voll« von stacheligen Bärten, schlechtem Atem und aufdringlicher Nähe ekeliger Zeitgenossen, die nur Bussi-Bussi im Kopf haben! Der Handkuß hält Dir unhygienische Küsser automatisch vom Leibe, bei ausgestrecktem Arm sogar über 70 cm. Halte Deine Hand immer und konsequent in die Richtung des zu Begrüßenden; falls er nicht versteht was das soll, ist er eh kein Umgang für Dich!

## H wie Handtasche

Die wichtigsten Utensilien für ein Damenhandtäschchen:

Taschenlampe, Tampon, Urinella, Kaugummi, K2-Flecken-

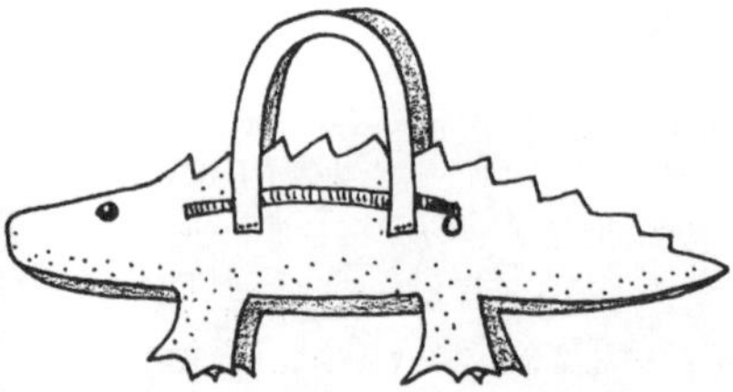

spray, Seitenschneider (bei nächtlichen Ausflügen), Regenhaube, Kleingeld, Kreditkarte, Schminkutensilien, Notizblock, Fotoapparat, Kugelschreiber, Verhütungsmittel, Ausweis, Visitenkarte, Nagelfeile, Taschenmesser.

**H wie Hausfrauen-Club 2000**

Der Hausfrauen-Club 2000 ist ein elitärer Club, der ähnlich wie der Milliardärsclub in Entenhausen nicht für jedermann zugänglich ist. Männer haben so gut wie keinen Zutritt, außer sie werden von 10 Frauen empfohlen und bestehen den Aufnahmetest für Mitglieder.
Ohne Probleme können Frauen jeden Alters und aus allen gesellschaftlichen Schichten und Berufsgruppen dem HFC beitreten.

Einmal im Monat treffen sich die interessierten Hausfrauen in den gemütlichen Clubräumen des HFC 2000, der sogenannten Pussy Lounge. An diesen gemeinsamen Abenden können sich Frauen untereinander austauschen, Probleme besprechen und Lösungen finden, über aktuelle Themen diskutieren oder einfach nur plaudern und sich kennenlernen. Ziel des HFC 2000 ist es, Frauen in der Gesellschaft mehr Anerkennung zu verschaffen, die Gleichberechtigung voranzutreiben und die Solidarität unter Frauen zu stärken. Der HFC will versuchen, im Bundestag einen Hausfrauenflügel zu etablieren, um als unparteiische Fraktion in der Politik für mehr Sauberkeit zu sorgen.

Die Pussy Lounge ist die Keimzelle der ersten Hausfrauenbewegung und müßte in jeder größeren Stadt zu finden sein. Falls es in Deiner Stadt noch keine gibt, kannst Du die erste sein, die einen Hausfrauen-Club 2000 vor Ort ins Leben ruft. Unterlagen über den HFC 2000 erhältst Du gegen einen frankierten, selbstadressierten Rückumschlag beim Hausfrauen-Club 2000, P.O. Box 46, 82055 Icking.
Für alle Mitglieder gibt es zur Information den Petra Perle-Hausfrauenreport, der vierteljährlich erscheint und der ebenfalls über den Club zu beziehen ist.

### H wie Hausfrauen-Gruß

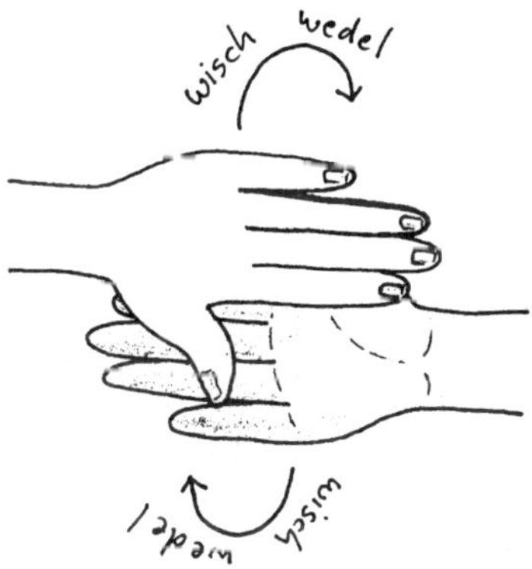


Was für die Männer der »Give me Five«-Handschlag ist, ist für die moderne Hausfrau der »lava lava« (von *lavare* = waschen). Statt die Hände aufeinanderzuschlagen, werden die Handflächen wie beim Händewaschen aneinander gerieben, wodurch sogar noch Energie ausgetauscht wird.

### H wie Haustier

Ein Haustier braucht, wie der Name schon sagt, ein Haus. Hunde bevorzugen ein Einfamilienhaus mit großem Garten am Stadtrand. Auch Katzen und Hasen fühlen sich in dieser Umgebung am wohlsten. Einzimmerwohnungen und Apartments in der Stadt sind ihnen logischerweise ein Greuel.

Ratten, Mäuse, Hamster und Meerschweinchen hingegen geben sich schon mit einer Dreizimmerwohnung, am liebsten Altbau, zufrieden. Absolut unabhängig sind Schildkröten und Schnecken, die über den Luxus eines mobilen Eigenheims verfügen. Fische und Vögel sind die anspruchsvollsten Haustiere, da sie sich auf einer Insel oder im Meer am wohlsten fühlen. Die Selbstmordrate bei Haustieren, die in einer angemessenen Umgebung leben, ist gleich Null. Deshalb ist das richtige Zuhause das A und O für ein Haustier!

## I wie Idole

Idole haben meist nur die Heranwachsenden. Es sind ihre Leitfiguren, die sie verehren und bewundern; am liebsten würden sie so sein wie sie. Meine Idole sind Emma Peel, Pipi Langstrumpf, Cleopatra, König Ludwig II., Daisy Duck, Clementine und Tilly.

## I wie Individualität

Gerade jetzt, am Ende des Jahrtausends, ist es für uns an der Zeit, das eigene Urteilsvermögen zu schulen und über die Bedeutung von Eigenständigkeit und innerer Stärke nachzudenken. Die Einschaltquotengesellschaft taxiert den Wert ihrer Akteure stets nach den gleichem Hauptkriterium, nämlich der maximal möglichen Anpassung an das, was gerade für den aktuellen Massengeschmack gehalten wird. Und die Darbietungen sind allzu oft das Ergebnis eines gigantisch globalen Kopiervorgangs; fast immer besteht der »kreative« Vorgang nur in Abwandlungen von gerade erfolgreichen Konzepten, die uns von den etablierten Machern präsentiert werden. Aus dieser Tretmühle heißt es auszubrechen. Die Hausfrau 2000 erkennt die Massenkonsumfalle und kultiviert ihren eigenen Stil – Klasse statt Masse!

**I wie Interview**

Auszug aus dem Interview im Zeitmagazin vom 28. 3. 1997
*ZM: Frau Perle, wo kommt Ihre Liebe für den Kitsch her?*

*PP:* Das kommt automatisch daher, weil ich Münchnerin bin. Hier ist alles etwas übertriebener, barocker, denken Sie nur an König Ludwig und seinen guten Geschmack.
*ZM: Lange war es peinlich, Schlager zu hören. Heute singen Leute bei Ihrer Show mit, die noch vor kurzer Zeit gesagt hätten: O Gott, ist das reaktionär. Wie kommt das?*
*PP:* Durch unsere Partys ist der Schlager kultverdächtig geworden. Zu dieser Musik kann man wunderbar tanzen, flirten, mitsingen, träumen und abschalten. Und alle gehen glücklich nach Hause!
*ZM: Was zeichnet ihre Schlager besonders aus?*
*PP:* Interessante Texte und eingängige Melodien. Wir produzieren eigentlich nur Ohrwürmer.
*ZM: Der Song »Wenn Gummistiefel träumen« – ist das lustig?*
*PP:* Weil Gummistiefel nur bei schlechtem Wetter rausdürfen, träumen sie davon Cowboystiefel zu sein, um in die Sonne zu kommen. Eine hochinteressante literarische Beobachtung, wie man sie sonst nur bei Ringelnatz findet.
*ZM: Warum treten Sie demonstrativ als Hausfrau auf?*
*PP:* Weil ich als solche geboren wurde! In der Gesellschaft gilt die Hausfrau noch nicht viel. Ich möchte Vorbild sein: Mädels, seid nicht frustriert, wenn Ihr zu Hause sitzt, macht was draus, im Notfall könnt Ihr ja immer noch Schlagersänger werden!

## I wie Intrige

Intrigen, auf Neudeutsch Mobbing, gehören wirklich nicht zum guten Ton. Bist Du selbst ein Mobbing-Opfer, laß Dir nichts gefallen, suche Dir Verbündete und kläre schleunigst das Problem. Suche nach dem »Herd« der Intrige, und Du wirst feststellen, die Intrige ist eine Ausgeburt der Angst, vor der Du Dich nicht fürchten mußt.

Intriganten verdienen weder Freundschaft noch Vertrauen. Eine wahre Lebenskünstlerin stellt sich, ähnlich wie Robin Hood, immer auf die Seite der Benachteiligten und unterstützt diese. Vor allem unter Frauen dürfte es keine Intrigen geben. Solidarität statt Neid, meine Damen!

### J wie Jodeln

Juchzen und Jodeln sind die natürlichste Ausdrucksform der Freude in vielen Regionen der Welt. Der Texaner geht damit genauso selbstverständlich um wie ein australischer Eingeborener oder ein Japaner. Positive Energien werden durchs Jodeln freigesetzt und der Einklang mit der Natur schonungslos hergestellt. Ein Tag an dem nicht gejodelt wird, ist ein verlorener Tag. Meine Nachbarin, die wunderbare Jodlerkönigin Franzi Kinateder kann das bestätigen. Hier der schönste Jodler: *holarohidi-holarhodijohidi-johidi-holadohidihjoooo!*

### J wie Joint

Ein Joint ist eine selbstgedrehte Zigarette, bei der der Tabak mit Marihuana vermischt wird. Während in der Öffentlichkeit über den Genuß von Marihuana hergezogen wird und das harmlose Gras sogar als Droge bezeichnet wird, wissen Millionen von Marihuanarauchern die Vorteile zu schätzen. Der Konsum macht gute Laune und fördert die Kommunikation, öffnet den Geist für neue Ideen, regt zum Lachen und rumalbern an und entspannt. In Amerika wird Marihuana sogar bei AIDS-Kranken zur Therapie eingesetzt, um die Stimmung zu heben, aber auch um den Appetit anzuregen (eine Nebenerscheinung des »Kiffens«, wie Marihuana-Rauchen in der Umgangssprache auch genannt wird).

Wer behauptet, daß Kiffer Drogenabhängige sind, liegt völlig falsch, denn Kiffen ist wesentlich harmloser als die legale Droge Alkohol. Natürlich gilt auch hier – alles in

Maßen! So ist ein Joint ebenso ungefährlich wie ein Glas Bier oder ein Glas Wein. Wer mal zuviel erwischt, schläft höchstens ein oder bekommt Kreislaufprobleme, aber hat mit Sicherheit am nächsten Tag keinen Kater. Die Legalisierung von Marihuana ist längst überfällig, und alle Freunde der lustigen Zigaretten sollten sich dafür engagieren.

### J wie Joint Ventures

Bereits unsere Vorfahren kannten Joint Ventures und huldigten der Tradition der gemeinsamen Treffen, die darin bestand, zu Beginn einer Sitzung erst mal einen Joint zu rauchen. Daher vermutlich auch der Name Joint Venture. Vor allem in den 60er und 70er Jahren waren Joint Ventures in Deutschland sehr beliebt. Die gemütlichen Zusammenkünfte waren immer geprägt von einem regen Ideenaustausch und interessanten philosophischen Gedanken. Der Gemeinschaftssinn stand stets im Mittelpunkt. Das änderte sich leider im Laufe der 80iger Jahre. In der immer schnelllebigeren Zeit ging die Muße, sich in Ruhe auszutauschen, verloren. Das Ellenbogenprinzip und der Egoismus drängten sich nach vorne und die Joint Ventures bekamen eine ganz neue Bedeutung. Heute sind es anstrengende Unternehmungen auf großer Ebene, mit dem Ziel, internationale Projekte gemeinsam durchzuführen.

### K wie Kavaliere

Ähnlich wie einst die Dinosaurier die Erde bevölkerten und plötzlich ausstarben, ergeht es in diesen Tagen den Kavalieren. Ein Jahrtausend geht zu Ende, und mit ihm stirbt auch diese Sorte von Männern aus, um die es ausnahmsweise wirklich schade ist: die einzigen, die jemals verstanden haben, eine Frau wahrhaftig zu schätzen und tagtäglich zu verwöhnen – in Worten, Taten und mit Geschmeide.

In England leben noch mehrere Exemplare (schätzungsweise 238); sie werden dort Gentlemen genannt. In Deutschland konnten noch 47 ermittelt werden, wovon vier in München leben: Andreas Gross, Harald Kümpfel, Klaus Thora, Tom Gater.

## K wie Kirche

Mit 14 Jahren bin ich aus der Kirche ausgetreten und mußte dafür auch noch DM 10,-- zahlen, nachdem ich jahrelang in der Klosterschule mit christlicher Gehirnwäsche gequält

wurde. Da ich, Gott sei Dank, geborene Atheistin bin, konnte ich mich dieser gnadenloser Diktatur entziehen. Schon in jungen Jahren war mir klar, daß eine Glaubensgemeinschaft, die so viele Greueltaten auf dem Kerbholz hat, nicht der richtige Umgang für mich sein kann! Viele Millionen von unschuldigen Menschen (besonders Frauen!) verloren im Zeichen des Kreuzes ihr Leben, wurden gefoltert und geschunden. Aus Solidarität zu meinen Schwestern auf der ganzen Welt lehne ich frauenfeindliche Religionen strikt ab. Somit kann ich nichts akzeptieren außer die buddhistischen und indianischen Lehren!

## K wie Kulinarisches

(Siehe unter R wie Rezepte)

## L wie Latein für Hausfrauen

Ich muß zu Hause bleiben – domi mihi manendum est
Das Bett muß gemacht werden – lecti stragula componenda est
Nun wollen wir frühstücken – iam sumamus ientaculum
Ich bitte um eine Tasse Kaffee – da quaeso arabicam
Unübertrefflich – nihil supra
Hunger ist der beste Koch – cibi condimentum fames
Eine Hand wäscht die andere – manus manum lavat
Hast du dich schon gewaschen – lavistine iam
Wer wagt, gewinnt – fortes fortuna
Ich denke, darum bin ich – cogito, ergo sum

## L wie Liebe auf den ersten Blick

> *»Liebe auf den ersten Blick ist die Entschuldigung der Männer dafür, daß sie es eilig haben.«*
>
> *Elke Sommer*

## L wie Liebeskummer

*Liebeskummer lohnt sich nicht, my Darling,*
*Schade um die Tränen in der Nacht*
*Weil Dein Herz schon morgen darüber lacht.*

*G. Buschor*

## L wie Lügen

Im Leben kommt man oft um eine kleine Notlüge nicht herum, um jemanden eine Kränkung, Kummer oder eine Enttäuschung zu ersparen. Zu verabscheuen sind Lügen, die absichtlichen Betrug zum Motiv haben, um sich Vorteile zu verschaffen. Davon gibt es heutzutage dermaßen viele Varianten, daß jeder zweite, ob er will oder nicht, mindestens einmal am Tag belogen wird. In unserer Sensationsmedienlandschaft ist in jeder zweiten Meldung eine Lüge verpackt, in jeder fünften sogar eine faustdicke.

## M wie Männer

*»Männer sind die geborenen Sucher, am*
*liebsten suchen sie das Weite.«*

*Ursula Herking*

*»Männer sind wie Autoreifen: immer aufgeblasen,*
*ohne Profil und immer bereit, einen zu überfahren.«*

*Karin Struck*

## M wie Meditation

Die Meditation ist, wie Yoga, eine der ältesten, östlichen Entspannungstechniken. Sie beruht auf dem Prinzip, daß man sich jeden Tag für eine gewisse Zeit vom Leben zurückzieht und in absoluter Stille und Ruhe in sich hineinhört. Dann sprudeln natürlich erstmals alle lästigen Gedanken in einem hoch, die Probleme von gestern abend, der Streit von heute morgen und all die Dinge, die man noch zu erledigen hat. Laß sie einfach ruhig an Dir vorbeiziehen, schau sie Dir ganz gelassen an, als wären sie gar nicht von Dir; werde ruhig mit dem Bewußtsein, daß sie morgen schon wieder verflogen sein werden. So verlieren sie ihre Macht über Dich und ihre Stimme wird immer leiser.

Wenn Du die üblen Gedanken nicht los wirst, umgib Dich zur Unterstützung mit schöner, entspannender Musik und schönen Düften. Gestalte Dir Deine tägliche Meditation wie ein schönes, angenehmes Fest, das Du jeden Tag mit Dir feierst: Deine halbe Stunde nur für Dich! Du wirst sehen, nach ein, zwei Wochen täglicher Meditation wirst Du viel ruhiger und entspannter.

## M wie Midlife Crisis

Wer kennt nicht das Gefühl: Jahrelang hast Du Dich aufgearbeitet, für Deinen Schatzi, Deine Kinder und Deine Karriere, und plötzlich scheint das ganze Leben sinnlos; alle Bemühungen waren vergebens, alles scheint aussichtslos. Du bist restlos verheddert in Deinem Alltag, alles ist verkorkst. Am liebsten möchtest Du alles hinschmeißen und von vorne anfangen! Oder Du hast sogar dazu keine Lust mehr und am verlockendsten erscheint Dir plötzlich ein schneller Abgang aus diesem Leben?

Dann bist Du reif für eine Veränderung! Denn jede Krise ist eine Chance (siehe E wie Ehekrise), und wenn es um Dein eigenes Leben geht, solltest Du diese Chance unbedingt nutzen! Warte nicht, pack die Krise am Schopf und schüttele sie so lange, bis Du alle Widrigkeiten aus Deinem Lebensbaum herausgeschüttelt hast. In solchen Momenten ist jede Veränderung ein Schritt zum Glück, ein Ausweg aus der Misere. Eine Midlife Crisis ist immer ein Weckruf zur Veränderung.

Nimm' Dir als erstes Zeit! Viel Zeit zum Nachdenken, zu Gesprächen mit Deiner besten Freundin und wohlwollenden Menschen, die Deine Probleme von außen sehen und Dir Rat geben können. Oft bist Du nur blind geworden oder verstockt, um die einfachsten Lösungen und Auswege aus der Krise zu erkennen. Es gibt immer einen Ausweg, auch wenn er anfangs noch völlig unmöglich scheint. Du mußt nur bereit dazu sein, Deine vorgefaßten Trampelpfade zu verlassen und neue Wege einzuschlagen. »Pack Deine Sorgen in neue Träume, und träum' Dir so Deine alten Sorgen weg!«, heißt es in einem weisen Blueslied.

Es ist nie zu spät, um wieder von vorne anzufangen. Oft fängt das wahre Glück im Leben erst mit 40, 50 oder 60 Jahren an. Du mußt nur die Gelegenheit beim Schopfe greifen, auch wenn sie im Gewand einer Midlife Crisis daherkommt!

## M wie Minderwertigkeitskomplex

Minderwertigkeitskomplexe sind Dir oft im frühen Leben eingetrichtert worden, sei es von Eltern, Lehrern oder Geschwistern. Wir kennen alle die Sprüche, die wir von klein auf wie Dolchstöße ins Herz gerammt bekommen: »Das lernst Du nie!«, »Dafür bist Du einfach zu blöde!«, »Wie kannst Du nur so dumm sein!«, »Ja, wenn man so häßlich oder dick oder ungeschickt ist wie Du, dann bringt man es eben zu nichts im Leben!« Und so weiter, und so weiter...

Jeder dieser Sätze raubt Dir das Selbstbewußtsein und Deine Liebe zu Dir selbst. Sie wirken wie eine Verwünschung, wie ein Fluch, der Dich vor lauter Angst auch prompt versagen läßt. Darum hüte Dich vor ihnen und vor den Menschen, die damit auf Dich einschlagen! Sage sofort laut und deutlich Deine Meinung, daß Du auf diese Art von »Unterstützung« verzichten kannst! Weise solche Menschen sofort in ihre Schranken und sei auf der Hut, daß sie Dir damit nicht weiter Deine wertvolle Lebensenergie rauben.

Wenn diese überkritischen Stimmen in Dir auftauchen, sei genauso hart gegen sie und verbanne sie aus Deinem Kopf. Vergeude nicht Deine Zeit damit, Dich über vergangene Mißgeschicke zu grämen und in Selbstvorwürfen zu versinken! Entspanne Dich statt dessen und sammle neue Kraft für einen nächsten Versuch! Jeder Mensch kann lernen sich zu verändern. Er braucht nur den nötigen Mut und den Willen dazu. Den bekommst Du aus Dir selbst und durch die Hilfe liebevoller Menschen.

**N wie Natur**

So wie die Männer jahrhundertelang mit den Frauen umgegangen sind, haben sie auch die Natur behandelt: ausgebeutet, ausgenutzt, und vergewaltigt. Durch den mutigen Kampf der Emanzipation beginnt sich daran langsam etwas zu ändern. Aber es ist schon viertel nach zwölf! Unsere Natur ist so geschändet, daß sie sich nun endlich massiv zu wehren beginnt: Tausende von Menschen sterben, Millionen Tiere siechen qualvoll dahin, Landschaften so groß wie Bayern verbrennen in Südostasien.

Wir müssen unserer Mutter Natur zur Hilfe eilen, sofort, konsequent und unerbittlich. Darum rufe ich alle Hausfrauen dieser Welt zum Kampf gegen die Umweltverschmutzung auf! Nur wenn wir Hausfrauen weltweit zusammenhalten und den Männern tagtäglich vor Augen halten, wie sie unsere Mutter Natur vergewaltigen, dann haben wir vielleicht noch eine Chance, unsere Natur vor dem völligen Zusammenbruch zu retten!

Eine Perle
auf Erfolgskurs!

Im Schönheitssalon
»Crazy Beauty«.

Die glückliche
Plattenfirma
ihren Erfolgs
produzentin

Zwei auf einer
Wellenlänge!

Freunde aus Schulzeiten:
Petra Perle und der propere Meister!

Ein Herz für Früchtchen!

Die Lieblingsbeschäftigung der Hausfrau 2000 – gepflegte Konversation!

Mit ihrem Bruder Günther und dem größten Semmelknödel der Welt!

C.MOSER '98

## N wie Nein

*»Ich kann in 12 Sprachen ›nein‹ sagen, das genügt für eine Frau.«*

*Sophia Loren*

Das Wort NEIN – ist für uns Frauen ein wichtiges Wort. Viele Frauen haben bis heute nicht gelernt, es richtig anzuwenden, und gehören zu den ewigen Ja-Sagern. Sie sagen »Ja«, um es ihren Männern rechtzumachen und vergessen dabei sich selbst. Daß sie auf die Dauer unzufrieden werden verwundert kaum, da die eigenen Interessen ja immer zu Gunsten der Männerwünsche auf der Strecke bleiben. Deshalb, meine Liebe, übe Dich im NEIN-Sagen – sowohl im täglichen Leben als auch in Deiner Beziehung! Nur so wirst Du es schaffen, auch Deine Träume zu verwirklichen und ein zufriedenes Leben zu führen. Es ist gar nicht so schwer, nur Mut, meine Liebe. Und falls Du eine Tochter hast, lehre ihr bei Zeiten das Wörtchen NEIN, damit sie der egoistischen Männerwelt nicht hilflos ausgeliefert ist!

## O wie Ostereier

*Vorbereitung auf das große Eiersuchen*

## P wie Parties, Feste & Gäste

Je öfter Du Dich einladen läßt, um so weniger Arbeit hast Du selbst. Mach Dich also zum gefragten Partygast und revanchiere Dich mit guter Laune, kleinen Präsenten und einer ungewöhnlichen Gegeneinladung. Du kannst auch bis zum Schluß bleiben und Dich als letzter Gast beim Aufräumen nützlich machen. Solltest Du aber in den eigenen vier Wänden feiern, denke zuallererst an den gemeinsamkeitsstiftenden Spaß. Kurzum, informiere Deine Nachbarn und wenn sie nett sind, lade sie auch ein. Das gemeinsame Feiern erspart Dir jede Menge Arbeit und Ärger, denn wenn alle mitgemacht haben, packen ja auch alle zum Schluß mit an.

Vor langweiligen Gästen kann ich nur warnen! Vertrödel nicht Deine Zeit – genieße oder nutze sie! Oft schleppt man alte Bekanntschaften mit sich herum, weil man keinem weh tun will. Tatsache ist, daß Du so für neue, amüsante und interessante Menschen, die vielleicht zu guten Freunden werden könnten, keinen Platz und keine Zeit hast, solange Du mit Deinen alten Drög-Tomaten herumhängst. Wenn Du schon weißt, was Dich erwartet (also nichts außer Langweile), dann bitte nicht Perlen vor die Säue werfen!

## P wie Perle

Das tiefe Geheimnis einer Perle ist die langsam gewachsene Vielschichtigkeit und das innere Leben. Nach außen offenbart sie sich in geheimnisvollem Glanz und intensiver Ausstrahlung. Eine jede ist einzigartig. Cleopatra wußte dies und sie glaubte fest daran, sich durch den Genuß von Perlen in Essig aufgelöst an Körper und Geist zu verschönen. Eine Perle glänzt am

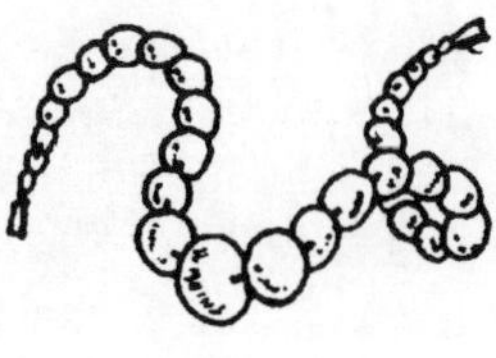

Abend besonders schön – deshalb sind Perlen abends auch so viel unterwegs.

**P wie Petra Perle**

Was andere über sie sagen:

»Schrill und schräg: Petra Perle und Guildo Horn lassen in ihren witzigen Schlagerrevivals die 70er Jahre wieder aufleben.«

*Mädchen*

»Sie zelebriert den Alltag als Performance und erfindet ihr Leben neu als kunterbuntes Kunstprodukt.«

*Cosmopolitan*

»Jetzt nimmt sie's mit den Weltstars auf.«

*Frau Aktuell*

»Sie wirkt wie ein rosafarbenes Knallbonbon: voller Energie, fröhlich und immer Pink gekleidet.«

*Joy*

Kids finden sie toll: »Sie ist immer lustig, sieht ulkig aus, keine typische Mutter.«

*Bild der Frau*

»Als wäre Barbie endlich erwachsen geworden, lebt die Münchner Szenefrau Petra Perle in einem rosa Wolkenheim aus Plastik und Plüsch und holt völlig neue Werte in diese Welt. Sie verhilft dem deutschen Schlager zum Comeback. Sie macht pinke Politik. Sie singt und schreibt Bücher. Und sie zeigt uns als ›Hausfrau 2000‹, daß der Alltag keineswegs grau sein muß.«

*Diva*

»Petra Perle ist ein Multitalent: Autorin, Goldschmiedin, Malerin, Sängerin, Moderatorin, Veranstalterin, Hausfrau und Mutter. Aufmerksam sucht sie nach Eigenem, begeistert sich aber ebenso spontan und rückhaltlos für Dinge die ihr einfach gefallen. Der bloße Erfolg ist für sie noch lange kein Grund eine Sache endlos zu reproduzieren. Perfektion zählt ihr weniger als unverwechselbare Einzigartigkeit, sie liebt Individualität, ist kompromißlos, visionär, weltoffen und mit gesundem Menschenverstand gesegnet. Hartnäckigkeit und Eigenwilligkeit runden ihr eigenes Wesen nach innen ab und zeigen dabei nach außen die Spitzen und Kanten, auf die sich jene gefaßt machen müssen, die von Petra Perle nur eine geduldige Mitmacher- oder Zuträgerrolle erwarten.«

*Michael und Yvonne Dudziak-Kloë*
*Petra Perles Freunde*

**Qu wie Queen**

*Hätte ich Eier, sagt die Queen, wär ich King!*

**R wie Rasieren**

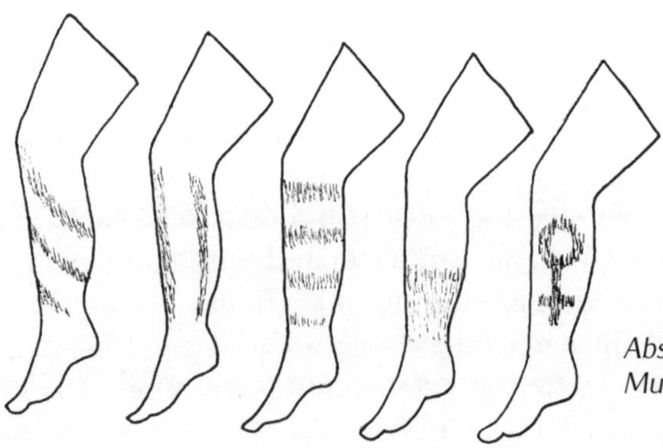

*Absolut in Mode – Muster am Bein*

## R wie Rauchen

Nach wie vor existiert die Meinung, daß Rauchen erwachsen sein läßt, beruhigt und schlank macht. Diese Gerüchte werden seit Menschengedenken in unseren Gehirnen verankert und werden ständig von der Tabakindustrie bestätigt, denn die Jungs wollen ja auch weiterhin ihre Milliarden von uns haben! Die Wahrheit ist aber, daß Rauchen hektisch macht, stinkt, nicht schmeckt, schneller altern läßt, die Rüstung finanziert, abhängig und damit willenlos macht und bei 100 000 Bundesbürgern jährlich tödlich wirkt; super, was?

Falls Du Raucherin bist, muß ich jetzt mal ein ernstes Wörtchen mit Dir reden. Kannst Du mir nur einen Vorteil nennen, der das Rauchen – nennen wir es mal SIR (Selbstmord in Raten) – hat? Schreibe mir! So, jetzt bekomme ich keine Post mehr, denn SIR hat KEINE Vorteile!

In der BRD macht die Zigarettenindustrie Umsätze in zweistelliger Milliardenhöhe, und mehr als die Hälfte pro Schachtel kassiert der Staat mit. In »Good old Germany« sterben jährlich hunderttausend Menschen an den Folgen des Tabakkonsums. Ich bin nicht der Meinung, liebe Freundin, daß Du dabei sein solltest. Deine Gesundheit liegt mir am Herzen!

Keine Frau der Welt sollte von Zigaretten abhängig sein. Keine Angst vor der Zeit ohne Zigarette, Du verlierst nichts, sondern gewinnst nur dazu: reine Luft für Deine Lungen, ein gesünders Aussehen, einen frischen Atem, mehr Zeit, mehr Geld, mehr Respekt, mehr Lebensfreude, mehr Selbstvertrauen. Nichtraucherin zu sein ist einfach himmlisch, hört sich gut an und ist einfacher, als Du denkst. Ich habe es geschafft und zahlreiche Freunde von mir auch, die bis zu zwei Schachteln am Tag geraucht haben. Wenn ich das kann, schaffst Du das auch! Mein Tip, mit dem wir es alle geschafft haben: Das Buch »Endlich Nichtraucher« von Allan Carr kostet nur drei Schachteln Zigaretten – und glaube mir, Dein Geld hast Du selten so gut angelegt!

## R wie Rezepte

*Rigatoni in Lachssauce*

Zutaten für 2 Personen:
250 g Rigatoni, 150 g geräucherter Lachs, $^1/_2$ Becher Crème fraîche, $^1/_2$ Becher Sahne, 1 Eßlöffel Tomatenmark, 2 Eßlöffel Dill

Den Lachs in die heiße Pfanne (am besten Teflonpfanne) geben (ohne Fett!). Kurz anbraten, bis er auf beiden Seiten leicht angebräunt ist; mit einem Schaber den Lachs in kleine Stücke zerteilen, Crème fraîche und Sahne hinzugeben, beides verrühren; das Tomatenmark und den Dill unterrühren und kurz aufköcheln lassen. Die Lachssauce wird dann über die gekochten Nudeln gegeben.

*Putengeschnetzeltes in roter Pfeffersahne mit Reis*

Zutaten für 2 Personen:
2 Putenschnitzel (beim Metzger gleich schnetzeln lassen), 1 Becher Sahne, 4 cl Cognac, ein Eßlöffel roter Pfeffer, 150 g Reis

Öl in der Pfanne erhitzen, das Geschnetzelte hinzugeben, mit etwas grobgeschroteten Pfeffer würzen, auf allen Seiten knusprig anbraten; mit Cognac ablöschen; die Sahne hinzufügen, kurz aufkochen lassen; die roten Pfefferkörner hinzugeben, nach Wunsch etwas salzen; das Ganze mit Reis servieren.

*Tachos mit gemischten Salat*

Zutaten für 2 Personen:
6 Tachos, 200 g Gouda, ein Becher Sauerrahm, ein Glas Mais, ein Eissalat, drei Tomaten, eine kleine Gurke, eine kleine rote Paprika

Die Tachotaschen kurz unter kaltes Wasser halten, jeweils eine Scheibe Käse einlegen, dann zusammendrücken. Die Tachos auf ein Blech (mit Backpapier ausgelegt) geben und im vorgeheizten Ofen bei 200 Grad fünf Minuten backen, bis der Käse zerlaufen ist. Die Salatzutaten ganz klein schneiden, mit Essig, Öl, Salz und Pfeffer anmachen, den Mais dazugeben und mit Sauerrahm anrichten.

*Kalbschnitzel in Zitronensauce mit Rosmarinkartoffeln*
(oder mit Kartoffelbrei)

Zutaten für 2 Personen:
3 dünngeschnittene Kalbsschnitzel (wie für Rouladen), frischen Rosmarin, eine Zehe Knoblauch, 1 Zitrone, 1 Glas Wein, $^1/_4$ Butter, 1 Würfelzucker, Mehl, für Eilige Fertigkartoffelbrei, für Genießer Rosmarinkartoffeln (dafür werden 8 Kartoffeln benötigt)

Die Schnitzel auf beiden Seiten klopfen, etwas einpfeffern, links und rechts in Mehl wenden, halbieren, im heißen Öl links und rechts braun anbraten; die geschälte Knoblauchzehe hinzufügen, etwas Rosmarin über das Fleisch streuen; den Saft einer Zitrone über das Fleisch geben, mit Weißwein ablöschen; auf kleiner Flamme kurz anziehen lassen; den Würfelzucker und die Butter hinzugeben; wenn sie zerlaufen ist, die Sauce kurz umrühren, noch etwas salzen und die Schnitzel mit Kartoffelbrei oder mit Rosmarinkartoffeln servieren.

*Rosmarinkartoffel:*
Kartoffeln mit Schale 30 Minuten kochen. Kurz abkühlen lassen, schälen und vierteln, auf ein Backblech legen, mit Olivenöl übergießen, salzen, Rosmarin darüber geben und 40 bis 60 Minuten im Backofen bei 200 Grad backen, bis sie knusprig braun sind

*Kaiserschmarrn mit Mandeln und Rosinen*
(Rezept von meinem Bruder Günther)

Zutaten für 2 Personen:
200 g Mehl, 100 g Zucker, 4 Eier, 100 ml Milch, 100 ml Sahne, eine kleine Handvoll Rosinen, ein Eßlöffel voll Mandelsplitter (je nach Bedarf kann der Teig mit einem Schuß Orangenlikör oder Rum verfeinert werden).

Gib das Mehl (vorher noch einmal sieben) in eine Schüssel und gib die Eier dazu. Dann nimmst Du einen Quirl, Mixer oder Schneebesen und gibst unter ständigem Rühren langsam die Milch und die Sahne dazu, anschließend den Zucker. Wenn der Teig zähflüssig ist und sich kleine Bläschen bilden, ist er fertig.

Dann nimmst Du eine große Pfanne, fettest diese gut ein und machst sie heiß. Nun gießt Du mit kreisenden Bewegungen den Teig in die Pfanne, bis er den Boden ca. 1 cm hoch bedeckt – schalte jetzt den Herd auf die kleinste Flamme. Nun gibst Du die Rosinen hinzu. Wenn die untere Seite des Teiges goldgelb ist, wendest Du ihn, anschließend gibst Du die Mandeln hinzu.

Wenn der Teig dann nicht mehr flüssig ist, nimmst Du einen Schaber und zerstückelst den Pfannkuchen in der Pfanne. Mehrmals schwenken und umrühren, bis alle Stück goldgelb sind.

Kurz vor dem Servieren gibst Du, falls Dir danach ist, noch 2 cl Orangenlikör oder Rum in die Pfanne.

Vor dem Verzehr gut mit Puderzucker bestäuben. Serviere den Kaiserschmarrn entweder mit Apfelmus oder sonstigem Kompott (Zwetschgen, Schattenmorellen).

### *Hummer mit Ruccula-Salat und gebratenen Austernpilzen*

Zutaten für 2 Personen:
2 halbe Hummerschwänze, gekocht (gibt es beispielsweise bei der »Nordsee« fertig), 2 Bündchen Ruccula-Salat, 300 g Austernpilze, 1 Zitrone, Cocktailsauce, Baguette

Die Austernpilze säubern (nicht waschen!), die härteren Stiele abschneiden, in Streifen schneiden und in der Pfanne in heißem Öl gut anbraten, bis sie von allen Seiten knusprig sind. Ruccula mit Öl, Balsamico-Essig, Salz und Pfeffer anmachen, warme Austernpilze darüber geben, mit Hummerschwänzen, Cocktailsauce, Zitrone und frischem Baguette servieren.

*Spargelspitzen mit Kartoffeln und Schinkenplatte*

Zutaten für 2 Personen:
30 grüne Spargelspitzen, 6 Kartoffeln, 100 g gekochten Schinken, 100 g Schwarzwälder Schinken, $^1/_4$ Butter, Petersilie

Kartoffeln kochen, Spargelspitzen in leichtem Salzwasser mit einem Stück Würfelzucker, etwas Butter und Petersilie 10 Minuten kochen, Butter zergehen lassen, mit gehackter Petersilie über Kartoffeln, Schinken und Spargel geben.

*Apfelküchерl im Bierteig*
(Rezept von meinem Bruder Günther)

Zutaten für 2 Personen:
2 Äpfel, 150 g Mehl, 80 g Zucker, 2 Eier, 150 ml Bier, 1 Schuß Sahne

Nimm eine Schüssel und schlag die Eier auf. Unter ständigem Rühren mit dem Schneebesen gibst Du langsam Mehl, das Bier, Zucker und einen kleinen Schuß Sahne hinzu. Dann schlägst Du den Teig solange, bis keine Klumpen mehr da sind und er kleine Blasen wirft. Der Teig sollte zähflüssig sein; eventuell also noch etwas Mehl hinzugeben. Dann schälst Du die beiden Äpfel, stichst das Kerngehäuse aus und schneidest 1,5 cm dicke Scheiben. Diese tauchst Du in den Teig, bis sie gut bedeckt sind. Anschließend in der Friteuse fritieren, bis sie goldbraun sind. Falls Du keine Friteuse hast, einfach in der Pfanne mit heißem Fett auf beiden Seiten schwimmen lassen. Serviere die Apfelkücherl mit etwas Zimtzucker, einer Kugel Vanilleeis und einem Sahnehäubchen.

Bon Appetit!

**S wie Schicki-Micki**

Als echte Münchnerin, sozusagen mitten in der Hochburg der Schicki-Mickis, bin ich mir sicher, daß die hier irgendwo gezüchtet werden: in unterirdischen Geheimlabors, um den wenigen verbliebenen Verstand zu unterwandern und zu vernichten. Schicki-Mickis sind nie politisch oder sozial interessiert. Sie denken nur an sich und an die schnelle und direkte Befriedigung Ihrer Wünsche. Geld spielt bei ihnen eine übergeordnete Rolle und ist das A und O ihrer Gespräche. Sie rotten sich gerne an zentralen Plätzen zusammen; dabei legen sie großen Wert darauf, die teuersten Lokale am Platze zu bevölkern und für Andersartige quasi unzugänglich zu machen. Die mit der wenigsten Gehirnsubstanz dürfen dort sogar an der Türe stehen und aussortieren. Die Weibchen erkennst Du sofort an dem etwas debilen Schlafzimmerblick. Sie tragen alle dieselben Markenklamotten, meistens Schwarz, weil's so schlank macht. Deswegen sehen diese Zusammenkünfte oft aus wie Beerdigungen. Die Männchen reden offen und ungeniert über die Damen ihres Herzens, wobei Worte fallen wie: »Geiler Arsch, reicher Vater, mickrige Titten.« Am besten, Du hältst Dich fern von dieser Sorte Schwachköpfe, denn der Umgang mit ihnen wirkt sich negativ auf Dein positives Weltbild aus!

### S wie Schlaf

Wer viel und gerne schläft, bleibt jung und ist gut gelaunt. Streß ist für diese Glücklichen ein Fremdwort. Und wo sich dieser üble Kerl Streß (er ist natürlich männlich, wundert Dich das?) herumtreibt, kann die Gemütlichkeit (merkst Du, sie ist weiblich!) keinen Fuß in die Tür kriegen. Ich jedenfalls bleibe meinem Geliebten, dem Schlaf, treu und freue mich auf viele gemeinsame Stunden.

Die 10 Schlafgebote:

1. Schlafe jede Nacht mindestens acht Stunden!
2. Der Schlaf nach Mitternacht zählt doppelt!
3. Lüfte Dein Schlafzimmer vor dem Zubettgehen!

4. Geh nicht vollgemampft ins Bettchen!
5. Schlafe nicht allein (Plüschtiere und Männer sind gerngesehene Bettgenossen)!
6. Stecke das Telefon aus und lege die Türklingel lahm!
7. Kaufe Dir ein bequemes großes Bett (denke daran: Das Bett ist das Herzstück Deines Lebens)!
8. Achte auf gute Bettwäsche!
9. Stehe auf keinen Fall zu früh auf!
10. Ruhe Dich nach dem Aufstehen noch etwas aus!

## S wie Schlager

Die schönste Musik überhaupt! Hier die ewigen Top Ten unseres weltbesten **DJ I. C. King**:

Ich war noch niemals in New York – *Udo Jürgens*
Wahnsinn – *Viktor Bergmann*
Rasputin – *Gilla*
Down Town – *Petula Clark*
Wenn Musik spielt – *Bibi Jones*
Mein himmelblauer Trabant – *Sonja Schmidt*
Lampenfieber – *Gitte*
Baby Babble Bossanova – *Will Brandes*
Lolipop – *Alice Babs*
Fährt der alte Lord fort – *Heinz Erhardt*
Dein kleiner Bruder – *Ted Herold*

## S wie Schönheitsfehler

Was heißt hier »Schönheitsfehler«, meine liebe Freundin? Gerade Abweichungen von der Norm machen Dich besonders interessant! Oft lieben andere an uns genau das, was wir häßlich finden. Kaschiere also wirklich nur, was Dich wirklich stört. Geht das nicht, dann betone es und mach daraus Deine »Besonderheit«.

## S wie Schuhe

Der Schuh muß immer dafür sorgen, daß man elegant, leichtfüßig und bequem durchs Leben »schwebt«. Nicht die Kleiderordnung ist bestimmend, sondern Dein Alltag und Dein aktuelles Vorhaben. Hast Du ein Auto oder einen längeren Fußmarsch samt U-Bahn, Tram und Bus vor Dir? Verkehrst Du zu gefährlichen Uhrzeiten oder auf sicherem Terrain? Willst Du schnell sein oder alle überragen? Also alles zu seiner Zeit. Man kann bequeme Stiefeletten, ja sogar Wanderschuhe mit lustigen Schuhbändern verändern; mit Satin oder Glitzer oder bunten Stulpen. Am besten, Du machst es wie die tüchtigen Business-Frauen in New York: Unterwegs tragen sie ihre bequemen Sneakers, haben aber im Rucksack immer ein Paar eleganter Schühchen, die sie im Büro (oder an der Garderobe oder auf der Toilette eines Clubs, Theaters, der Oper oder Disco) anziehen.

Bei Schuhen lege ich sehr viel Wert auf Qualität und perfekte Paßform, aber auch auf Originalität.

## S wie Sport

Wie hält sich Petra Perle fit, jung und dynamisch? Das werde ich immer wieder gefragt. Sport ist Mord – das mag zwar etwas übertrieben klingen, ist aber eigentlich in meinem Sinne. Aerobic konnte mich noch nie begeistern, weil es so blöd aussieht. Gar nicht mehr bewegen ist auch nicht das Wahre.

Göttin sei Dank gibt es in meiner Heimat Bayern aber einen Ausdauersport, der mit Musik verbunden einfach ideal für mich ist: das Schuhplattln! Diese Tanzart ist schweißtreibend in angenehmen Maße, sieht gut aus und verbessert zudem Deine Bewegungskoordination!

Schuhplattln ist eine der urbayerischen Eigenheiten, die sich bei keinem anderen Volk auf dem Globus findet. Ich empfehle den Schuhplattln-Kurs auf Video – daß Spaß und Unterhaltung dabei nicht zu kurz kommen, dafür garantieren die beiden Lehrer Andreas und Anderl.

Erhältlich ist der Schuhplattl-Kurs »PACK MAS« beim BR-Shop des Bayerischen Rundfunk im Funkhaus, Arnulfstraße 42 (Nähe Hauptbahnhof), 80335 München.

## S wie Sprüche für Hausfrauen

- My Home is where my Herd is!
- Sauber wie geschleckt!
- Ordnung ist das ganze Leben!
- Schmutz und Schund waren nie gesund!
- Immer schön sauber bleiben!
- Lieber eine saubere Lampe als eine Schlampe!
- Eine weiße Weste ist das Beste!
- Ein gepflegtes Heim und Du bist nie allein!
- Wer die Hausfrau nicht ehrt, ist die Perle nicht wert!

## S wie Süchte

*Arbeitssucht*
ist eine gefährliche Krankheit, die sich schnell ausbreitet, zu Herzerkrankungen und Magengeschwüren führt.

*Freßsucht*
ist ungesund und teuer, aber heilbar.

*Harmoniesucht*
ist völlig natürlich, doch leider in manchen Bereichen wie in der Politik schon vom Aussterben bedroht.

*Kaufrausch*
genießt man am besten ausgiebig, bis er von selbst vorbeigeht.

*Sehnsucht*
ist ein deutliches Zeichen, daß Deine Gefühlswelt noch in Ordnung ist! Die Sehnsucht treibt Dich voran und kann Dein kreativer Motor sein.

*Selbstsucht*
ist ein Problem bei Männern; bei Frauen ist es noch nicht nachgewiesen worden.

*Sexsucht*
ist bei Frauen harmlos und gesund, sie geht spätestens im Alter von selbst vorbei; bei Männern kann Sexsucht gefährlich werden, nicht selten werden Besessene zu Triebtätern.

## T wie Tagebuch

Um den ersten Schritt zu machen, eine Hausfrau 2000 zu werden, gibt es verschiedene Wege. Einer der einfachsten ist es, ein Tagebuch anzulegen. Wichtig dabei ist allerdings, Intimes mit einer Art Geheimschrift, die nur Du verstehst, zu schreiben. Aus eigener Erfahrung weiß ich, daß es sehr unangenehm werden kann, wenn das Geschriebene in falsche Hände gerät und gegen Dich selbst verwandt wird!

## T wie die Technik des TTV

Sicherlich kennst Du das auch – Du bist völlig erschöpft, die Nacht war lang. Deine beste Freundin hat gedroht, ihrem Leben ein Ende zu setzen, weil der Mann ihres Herzens sie verschmäht / der Friseur sie verunstaltet hat / der Hamster der Kinder versehentlich in der Waschmaschine gelandet ist. Jedenfalls hast Du kein Auge zugetan und fühlst Dich vollkommen ausgepowert. Um 6.30 Uhr klingelt unbarmherzig der Wecker. Schlaftrunken schleppst Du Dich in die Arbeit; ohne den ersten Kaffee bist Du nicht in der Lage auch nur einen einzigen klaren Gedanken zu fassen. Dein Chef hingegen ist ausgeruht, voller Energie und erwartet unglaublicherweise das gleiche von Dir – genau, das muß ein Montag sein! Und eine ganze Woche voller Arbeit liegt noch vor Dir! Aber keine Angst, ich verrate Dir jetzt eine Technik, mit der Du Dir einiges an Kraft sparen kannst.

Entwickelt und weiter verfeinert wurde diese Technik – TTV heißt sie – bei der Bundeswehr. Ihre Angehörigen sind wahre Meister ihres Fachs, wenn es um die Anwendung dieser uralten Geheimlehre geht. TTV läßt sich jedoch ohne Schwierigkeiten auf das zivile Leben übertragen, gleich, ob Du in einem Büro, im handwerklichen Beruf oder als Hausfrau tätig bist. TTV ist übrigens die Kurzformel für »Tarnen, Täuschen und Verpissen«.
Die Theorie ist ganz einfach: Chefs, Vorgesetzte und sogar die eigenen Angestellten sehen es in den seltensten Fällen gern, wenn Du untätig herumsitzt. Schließlich wirst Du ja dafür bezahlt, etwas zu tun, also solltest Du auch etwas tun – wobei die Betonung auf (so) TUN, nicht auf ERLEDIGEN liegt. TTV könnte man auf folgende Faustformel bringen: »Du mußt nicht wirklich arbeiten, aber es muß verdammt danach aussehen!«

Geh im Falle der völligen Erschöpfung also folgendermaßen vor: Setz Dich an Deinen Arbeitsplatz und schaffe Chaos. Richtig, breite alle Arbeitsutensilien möglichst weit aus, verstreue wichtige Unterlagen oder Werkzeuge in Reichweite, überlade Deinen Schreibtisch. Im Büro ist das ganz einfach: viel Papier, Taschenrechner, Zeichenwerkzeuge, Disketten, Locher, Hefter, verschiedene Klarsichthüllen mit Inhalt, alles, was irgendwie nach Arbeit ausschaut. Hast Du dort einen PC stehen, solltest Du ihn einschalten und etwas möglichst Kompliziertes auf den Bildschirm bringen: eine große Tabelle mit vielen Daten, verzwickte Unterprogramme im Programmiermodus oder eine Korrespondenz. Siehst Du? Allein das Lesen dieses Abschnittes klingt schon nach Arbeit!

Hast Du auch diese praktischen Post-It!-Notizzettel? Schreib mindestens sieben und kleb sie demonstrativ auf den Monitorrand. Das sieht nach vielen Aufgaben aus... Im Laufe des TTV entfernst Du alle 15 Minuten einen Zettel oder ersetzt ihn durch einen anderen, der aber auch erkennbar neu sein muß.

Du erhältst ständig Faxe mit lästigen Anfragen, die erledigt werden sollen? Dann ist es gut, wenn Du nicht die geringste Ahnung von Technik hast. Zieh den Stecker vom Fax einige Millimeter aus der Telefondose – so was kann schon mal passieren, da ist halt irgendwer über das Kabel gestolpert! Da Du so unwissend bist, was alle Dinge angeht, die mit Strom betrieben werden, findest Du den Fehler leider nicht selbst. Bis der Haustechniker Zeit hat, sich um dein Problem zu kümmern, hast Du ruhige Stunden.

Immer gern genommen wird auch der Durchfall am Morgen. Du mußt wohl irgendwas gegessen haben, das nicht in Ordnung war. »Mir geht's ganz übel... Ich hing die ganze Nacht über der Toilette... Oh, es geht schon wieder los...« Niemand wird Dir ankreiden, wenn Du die Toilette etwas länger belegst – entspanne Dich und schließ die Augen, hier bist Du wirklich ungestört!

Du siehst, TTV funktioniert einfach und effektiv – man muß sich nicht wirklich anstrengen, es muß nur danach aussehen. Ich bin sicher, im Laufe der Zeit wirst Du Deine eigenen Techniken entwickeln und damit erfolgreich sein. Ich wünsche Dir viel Spaß dabei.

### T wie Telefonieren

Sicher kennst Du diese Situation. Du hast erfreut zum Telefonhörer gegriffen und erwartet, Hollywood oder Deine beste Freundin wären dran. Statt dessen nervt Dich ein unangenehmer Zeitgenosse. Wie wimmelst Du ihn ab? Mein Standardsatz: »Oh, Hilfe, mein Essen verbrennt! Ich muß jetzt Schluß machen!«

### T wie Tierversuche

Von den vielen furchtbaren Dingen, die der Mensch der Natur antut, sind die Tierversuche so etwas wie eine blutige Krönung. Ganz fies sind die Kosmetikhäuser, die sich zwar den Tierschutz auf die Fahne schreiben, ihn aber für sich selber gar nicht in Anspruch nehmen: So verpflichtet der Vermerk »Gegen Tierversuche« (wie bei einer großen Kosmetikkette) zu gar nichts, es muß schon drauf stehen: »Ohne Tierversuche«!

Du kannst Dir vom Deutschen Tierschutzbund Listen von Herstellern schicken lassen, die garantiert ohne Tierversuche Kosmetikartikel herstellen – alle anderen sind zu boykottieren.

### U wie Urlaub

Wenn ich Dir jetzt erzähle, daß ich seit 16 Jahren nicht im Urlaub war, ist das natürlich sehr unglaublich und ungewöhnlich für eine moderne Frau. Verschiedene Gründe spielen hier zusammen, aber der eigentliche ist, daß ich keinen Urlaub nötig habe! Von was auch? Das ist ja auch das Angenehme einer Hausfrau 2000, daß zum Beispiel so etwas wie Streß oder Entnervt-Sein nicht mehr vorkommt. Außerdem lerne ich schnell vom schlechten Vorbild meiner Mitmenschen! Mal ehrlich: Wie viele Bekannte von Dir kommen schlecht gelaunt oder krank aus dem Urlaub zurück? Die nölen dann die ganze Zeit herum, wie blöd alles war, das Wetter, die Leute, wie teuer alles war und so weiter. Ja, oder Du kannst sie in der Tropenklinik besuchen und ihnen durch eine Glasscheibe zuwinken ...

*»Reisen ist eine gut vorbereitete Unbequemlichkeit.«*

*Mark Twain*

Alle träumen vom Reisen, doch die wenigsten kommen auf die Idee, sich diese Träume auf moderne und bequeme Weise zu erfüllen. Das in Schlagern gepriesene »ferne Land« mit Sonne, Strand, blauem Meer, Palmen, feurigen Senoritas und heißblütigen Toreros existiert ohnehin nur in unseren Köpfen. Es gibt keine heile Welt, und alle Paradiese sind längst von Pauschaltouristen erobert. Globetrotter und Alternativtouristen rennen jedem Reiseschnäppchen hinterher und zerstören gedankenlos auch noch die letzten Ressourcen und Reservate der Natur. Als Hausfrau 2000 kann ich vom Massentourismus und seinen unangenehmen Begleiterscheinungen nur warnen, liebe Freundin. Denn die Schattenseiten von Fernreisen und Kurzurlauben kann keine seriöse Frau ignorieren. Und das gilt nicht nur für Natur und Kultur.

Ich persönlich lehne es ab, in Länder zu reisen, wo Frauen bewußt unterdrückt, gequält, gefoltert und getötet werden.

In Ländern, wo Frauen massiv geächtet werden und minderwertige Menschen sind, habe ich als Perle absolut nichts verloren. Aber auch wo Menschenrechte und Demokratie mit den Füßen getreten werden, will ich bestimmt nicht die kostbarsten Stunden meines Lebens (meine Freizeit!) verbringen. Worte wie Erholung oder Entspannung sind in diesem Zusammenhang der wahre Hohn. Warum also die Unbequemlichkeit von Charterflügen auf sich nehmen, wenn man es auch zu Hause billig, bequem und bunt haben kann?

Wer unbedingt per Flugzeug, Auto oder Bahn durch die Gegend gondeln will, kann das auch in der westlichen Welt tun. Die ist groß genug und ohnehin schon fast zubetoniert. Ich finde ja, daß Bescheidenheit der Trend der Zukunft ist und konzentriere mich auf die Erforschung meiner näheren Umgebung zu Fuß oder per Fahrrad. Und noch ein Tip für Frauen, die zum ersten Mal mit ihrem Freund oder Mann in Urlaub fahren: Mach niemals Camping oder Hüttenurlaub, wenn Du auf Luxus stehst! Schau Dir den Marilyn Monroe-Film »Wie angle ich mir einen Millionär« an, und Du weißt, liebe Freundin, wo falsche Eingeständnisse hinführen, wenn Du ein Zuviel an Natur, Schnee, Berge oder Meer haßt. In der falschen Umgebung geht selbst eine Perle mit dem tollsten Mann der Welt unter und verliert ihren natürlichen Glanz.

Ich als Perle stehe ja auf Bequemlichkeit und lehne zeitraubende Herumreiserei einfach ab. Der Mensch ist ein Gewohnheitstier. Daheim kenne ich die Sprache, die Sitten, Gebräuche und die Küche. Außerdem läßt sich exotische Ferienstimmung das ganze Jahr über in die Wohnung holen: Ob Afrika oder Asien, fast jedes Land und jede Kultur, die Dich fasziniert, läßt sich heute mit billigen Accessoires und

Souvenirs zu Hause neu erschaffen. Mit Palmen und einer gemütlichen Hängematte auf dem Balkon, dem exotischen Longdrink und einer Kassette mit entspannter Salsa-Musik – da läßt sich wunderbar von der Südsee träumen. Man muß es ja nicht gleich so übertreiben wie Brian Wilson von der Surf-Band Beach Boys, der sich bergeweise Sand ins Wohnzimmer scheffelte und im Zelt schlief, um das entsprechende Strandgefühl für seine Songs zu bekommen. Ansonsten sind Deiner Phantasie keinerlei Grenzen gesetzt – weder sprachlich noch geographisch: japanisches Schlafzimmer mit Futon auf dem Boden, ein kleines Iglu im Badezimmer, das Regenwald-Panorama über der Wohnzimmercouch samt Fauna und Flora. Natürlich sollte man das individuelle Reisen in der Wohnung nicht übertreiben und aus Geltungsbedürfnis, Prestige und Angabe echte Exoten in einer Wohnung halten. Plüschtiere tun's auch und sind zudem noch viel pflegeleichter.

Ergänzen kann man die Urlaubskulisse mit virtuellen Mitteln und einer Reise im Kopf. Im Fernsehen gibt es täglich die aufregendsten Reiseberichte über ferne Länder, Zeitschriften und Bücher liefern stapelweise Fotomaterial und Reportagen, und auch mit Globus und Stadtplänen lassen sich wunderbare Kurztrips und Weltreisen nachvollziehen, ohne daß man auch nur einen Schritt vor die Tür setzt. Und diese Reisen bilden garantiert mehr als jene, auf denen man im Touristenrudel durch Autobusscheiben Elefantenrudel abknipst! Du kannst Dir sogar einen Lieblingsort, ein Paradies nach Deiner Wahl in Deiner Phantasie erschaffen – mit neuen Tieren, neuen Pflanzen und lieben, netten Eingeborenen.

Die Vorteile liegen auf der Hand: Man spart Zeit und Geld, Aufwand und Energie – weder Koffer packen, Müll verursachen, Kerosin verbrennen, Ozon zerstören, Gesundheitsprophylaxe, Schlangenbisse, Sonnenbrand, Darminfektion und verdorbener Magen, Haustiere und Pflanzen in Pflege geben, Sprach- und Reiseführer studieren, am Flughafen und im Stau Schlange stehen. Man muß an nichts denken, außer daran, sich gründlich rund um die Uhr zu erholen.

## V wie Verwirrend

*Schau mir in die Augen, Kleiner!*

## W wie Witze

»Was ist der unsensibelste Teil am Penis?« – »Der Mann!«

»Wie heißt eine Hausfrau die nur biologische Putzmittel benutzt?« – »Pflegetarierin!«

»Wie heißt ein Hase, der nur auf den Hinterbeinen steht?« – »Stehlampe!«

»Was ist ein Veterinär-Theologe?« – »Ein Schweinepriester!«

»Welche Stellung erlaubt die katholische Kirche?« – »Von hinten, da kann wenigstens einer das Kreuz sehen.«

»Ein Arzt erklärt der besorgten Ehefrau: ›Die einzige Möglichkeit, ihren todkranken Ehemann vor dem baldigen Tod zu retten, ist täglich mit ihm zu schlafen.‹ Sie geht nach Hause, wo ihr Mann schon sehnsüchtig auf die Prognose des Arztes wartet: ›Na, was hat er gesagt?‹ Die Frau: ›Du mußt sterben!‹«

## W wie Wünsche

Nur wer Wünsche hat, ist ein glücklicher Mensch. Meine Wünsche sind zum Beispiel:

*Kleine Wünsche:*
- an einen See zum Baden fahren
- einen weichen Sattel für mein Fahrrad
- ein Teeservice mit Rosenmuster
- einen weißen 50iger Jahre Barockschreibtisch mit Stuhl
- einen rosaroten Kinderwagen
- einen neuen Toilettendeckel
- rosa Slips und Söckchen

*Große Wünsche:*
- eine saubere Welt
- einmal Faschingsprinzessin werden
- ein Gewächshaus
- ein eigenes Dorf wie bei den Galliern
- nie mehr für Geld arbeiten müssen
- mehr als ein bißchen Frieden
- ein Familienfahrrad für vier Personen samt Dach
- einen Bestseller oder Nr. 1-Hit

Deine Wunschliste kannst Du Dir auch Zuhause aufhängen, damit Dein Freund, Mann oder mit wem Du auch immer zusammenlebst informiert ist, womit er Dir eine Freude machen kann. Wenn Du sie im Treppenhaus ans Schwarze Brett tackerst, weiß bald die ganze Nachbarschaft von Deinen Wünschen. Ansonsten solltest Du sie Dir nach und nach selbst erfüllen.

## X wie nix

## Y wie YOGA

Mit Yoga kannst du herrlich entspannen und gleichzeitig Deinen Körper verwöhnen. Yoga ist eine jahrtausendealte, ganz einfache Technik aus Indien, die tiefe Atementspannung mit einfachen Körperübungen verbindet. Das ideale Training für die Hausfrau, die mit den hektischen Fitnessübungen à la »Sport ist Mord« nichts anfangen kann.

Yoga läßt dich zunächst ganz tief und wohlig entspannen und in Deinen Körper einsinken. Du liegst flach am Boden, atmest tief und gehst auf eine Reise durch Deinen Körper, bei dem Du ihn Glied um Glied entspannst. Plötzlich spürst Du Dich und Deinen Körper so intensiv wie nie zuvor. Wohlige Schauer kribbeln in ihm rauf und runter. Du beginnst, Deinen Körper wieder zu lieben und zu schätzen.

Dann kommen die Übungen, mit denen Du Deinen Körper auch von tieferen Verspannungen löst und den gestauten Energiefluß der Lebenskraft wieder in Dir anregst. Das fühlt sich an, als würdest Du Dich morgens im Bett mal endlich richtig tief und wohlig strecken und dabei tief durchatmen.

Yoga sieht so einfach aus, aber es wirkt Wunder! Nicht umsonst vollbringen die indischen Yogis, die in dieser Technik geschult sind, seit Jahrtausenden mit ihrem Körper Dinge, die von der westlichen Medizin gar nicht begriffen werden können. Sie lassen sich für 24 Stunden lebendig begraben oder brauchen wochenlang keine Nahrung, ohne daß es ihnen etwas ausmacht! Mit Yoga machst Du Deinen Körper und Deine Seele auf und kriechst hinein. Ich liebe dieses Gefühl! Nach jeder Yogastunde bin ich wie neugeboren und voller guter Energie.

Am besten besuchst du zuerst einen Yogakurs, in dem Du unter Anleitung die einfachen Übungen richtig auszuführen lernst. Wenn Du sie einmal drin hast, kannst Du sie jederzeit auch zu Hause selbst anwenden.

**Y wie Young Lover**

Jüngere Männer sind zu empfehlen! Ob als Liebhaber, Freunde oder Lebensgefährten – sie sind einfühlsamer, verständnisvoller, hilfsbereiter, liebevoller und vor allem noch nicht so verkorkst wie die meisten ihrer älteren Geschlechtsgenossen. Sie stecken noch voller Liebe und Romantik, zeigen Dir ihre Gefühle und heben Dich in den Himmel. Genau das, was wir Frauen brauchen!

Außerdem sind sie noch formbar und lernwillig, im Leben wie im Bett. Und was gibt es Schöneres, als einen zärtlichen und einfühlsamen Young Lover in die Geheimnisse Deines Körpers einzuweihen? Er wird es Dir reich belohnen!

Besonders als Therapie nach einer Beziehung mit einem alten Macho kann ich den Young Lover nur wärmstens empfehlen. Der knöpft bei Dir die verkrustete Seele, die verstaubten Gefühle und das eingeschlafene Liebesleben im Nu wieder auf. Du fühlst Dich plötzlich wieder jung und frisch und voller Tatendrang! Die Qualen mit dem alten Macker sind vergessen und das Leben macht wieder Spaß!

Aber Vorsicht, wenn Dein Young Lover zu anhänglich wird und sofort vom ewigen Glück zu Zweit schwärmt! Wenn er Dich dann auch noch bei jedem Kleinkram in seinem Leben um Rat fragt und den auch brav verfolgt, dann hast Du Dir ein Muttersöhnchen geangelt, der in Dir die Ersatzmami sieht. Für eine Weile kann das ganz schön sein, aber schon bald nervt dann die Abhängigkeit und Unterwürfigkeit. Du wünschst Dir schließlich keinen Sohn, sondern einen Partner als Schatzi!

## Z wie Zitate

*»Ich bin verwöhnt und will es bleiben!«*

*Hilde Gard*

*»Schlagersänger leben länger.«*

*Roy Black*

*»Es saugt und bläst der Heinzelmann,*
*wo Mutti sonst nur blasen kann.«*

*Loriot*

*»Das Leben ist nicht knitterfrei!«*

*Venijan*

*»Sei schlauer, gibt Power!«*

*Günther Grauer*

*»Die Erde ist keine Scheibe, deswegen*
*kann es keine Randgruppen geben.«*

*Karin Kümpfel*

## Z wie Zum Kotzen

*Faschismus*
*Fanatismus*
*Rassismus*

# Danke

Für die Mithilfe, daß dieses Buch überhaupt zustande kam, möchte ich mich ganz herzlich bedanken.

## Danke

Timothy Sonderhüsken und Beate Kuckertz für ihren Pioniergeist, meiner Freundin, meiner Mitautorin und Herausgeberin Conny Sü Prem, sowie bei meinen kreativen Co-Autoren Ingeborg Schober, Yvonne Duziac Kloe, Marc Winking, Klaus Thora, Anton Zinkl, Sylvia Zorn und Manfred Degen, die für die einzelnen Kapitel wertvolle Beiträge schrieben und mir viele gute Anregungen gaben.

## Ich bedanke mich auch bei ...

meinem Schatzi und seiner treuen Liebe,
Christoph Bühring-Uhle und seinen Glauben an uns,
I. C. King, dem besten DJ. im Schlagerland,
Rex Kildo mit der schönsten Mütze der Welt,
Reinhold Hoffmann für seine Musikteppiche,
Hilde Gard, dem sonnigsten Wesen mit einer wunderbaren Stimme,
Günther Grauer, meinem Bruder in schlechten und guten Zeiten,
Attila und Domino für ihr Verständnis,

Johnny Gold und seine wertvollen Erfahrungen aus den 70igern,
Vulcano für ihren ungetrübten Enthusiasmus,
Roy Luna für seine erstklassigen Lieder,
Martin Levec und Jürgen Heldwein für viele sinnvolle Kunstbehandlungen,
Paul Libra für sein psychologisches Gutachten,
Katrin Hilger für ihre super Kredits,
Antonio Seidemann, dem Mann der ersten Stunde,
Kissi Schwabe für die schönsten Körperhüllen,
Christian Stögbauer und Tina Scheck, meinen Schutzengeln,
Fräulein Wommi Wonder für ihre prima Pralinen,
und Frau Prem für das immer schön saubere Büro.

**Danke für die tollen Fotos:**

*Schwarzweiß:*
Barbara Volkmer: Seite 86
BSC-Music: Seite 25, 82
Suza Schlecht: Seite 55
Andreas Pauly: Seite 43
Erich Weichelt: Seite 10
Eckehard Winkler: Seite 22
Martin Fengel: Seite 38, 58
Jens Andre Schwarz: Seite 40
Gerald v. Voris: Seite 83

*Farbe:*
Martin Fengel: Seite 1 o., 15 u. r.
Jens André Schwarz: Seite 1 u., 2 o., 3, 4
BSC-Music: Seite 2 u. r.
Andreas Bohnenstengel: Seite 5 u.

Ekkehard Winkler: Seite 8 u. l., 9 u. l.
Claudia Bockmaier: Seite 8 u. r.
Suza Schlecht: Seite 6 o. r., 15 o. l., 15 u. l.
J. A. T.: Seite 6 u. r., 9 u. r.
ZDF: Seite 6 u. l.
Andreas Pauly: Seite 7 o. l.
Manuela Theobald: Seite 7 o. r.
Barbara Volkmer: Seite 7 u. l.
Claudia Böhm: Seite 7 u. r.
Torsten Mischke: Seite 9 o. l.
Petra Perle: Seite 12
Christian Moser: Seite 16
Gerald v. Voris: Seite 15 o. r.
Privat: Seite 2 u. l., 5 o., 8 o., 6 o. r., 9 o. r., 10, 11, 13, 14

## ... und für die einmaligen Zeichnungen:

Christian Moser für die Karikatur
Holger Fiala für den Comicstrip
Domino Kümpfel für den bettelnden Hund

## sowie bei

Alexa Schab, Michael Kloe, Manuel und Jane, Jasna und Markus, Andrea und Carsten, Nicki Nahtlos, DJ Johannes, Cindy & Lola, Ina und Ines, Karl Schlagerfeld, Christopher Rockingham-Gill, Viktor Bergmann, Trixi Tralala, Christine Reich, Gabriella Azuley, Dana Spontana, Anja Keul, Norbert Daum, Ekki Stein, Axel Wilde und dem Kaufhaus Beck, Michi und Alex, Rainer Höck, Peter Zock, Herrn und Frau Wahn, Leni Stern, Sandy Köke, Pauline, Rainer Beckenbauer, Bubi Heilemann, Andrea Wink, Zlata Findeis, Andreas Gross

**und**

Bei allen netten Pressepartnern, die mich unterstützt haben, bei allen die ich vielleicht vergessen habe

**und natürlich bei**

allen meinen alten und neuen Fans!

Alle weiteren Illustrationen im Buch sind von Petra Perle